傳播的文化修辭

徐 國 源 著

現代文學研究叢刊

文史哲出版社印行

國家圖書館出版品預行編目資料

傳播的文化修辭 / 徐國源著. -- 初版. -- 臺
　北市：文史哲, 民 97.02
　　頁：　公分. -- (現代文學研究叢刊; 31)
　含參考書目
　ISBN 978-957-549-763-7 (平裝)

1.文化傳播 2. 媒體生態 3.文集

541.3407　　　　　　　　　　96001311

現代文學研究叢刊　　31

傳播的文化修辭

著　　　者：徐　　　國　　　源
出 版 者：文　史　哲　出　版　社
http://www.lapen.com.tw
登記證字號：行政院新聞局版臺業字五三三七號
發 行 人：彭　　　正　　　雄
發 行 所：文　史　哲　出　版　社
印 刷 者：文　史　哲　出　版　社
臺北市羅斯福路一段七十二巷四號
郵政劃撥帳號：一六一八○一七五
電話886-2-23511028 · 傳真886-2-23965656

實價新臺幣三○○元

中 華 民 國 九 十 七 年 (2008) 二 月 初 版

序　言

　　20 世紀 70 年代末，我教書的城市與父母所在的城市相隔 60 多公里，週末的時候常常乘火車往返於兩個城市之間。那時的火車還沒有"提速"的說法，60 公里的路程要跑上近兩個小時，遇上晚點，時間還要長些。車廂裏多是木條硬座，封閉也不好，冬天下雪的時候雪花就會飛到窗子裏邊。好在那時的火車上人也不多，同車的多是兩地求學的男女大學生，夜色中上了火車，便隨即打開一本自帶的什麼書，在昏黃的燈光下潛心閱讀起來，車廂似乎成了一間閱覽室，凄清而靜謐，那情景如今回憶起來，真如夢幻一般。時過 30 年後再乘火車，景象已迥然不同。與 30 年前相比，車廂裏豪華了許多，也舒適了許多，速度更是加快了許多；同時也擁擠了許多、喧鬧了許多。比如，車廂已經成了廣告世界，不但牆壁上有固定的廣告招貼，座椅的靠背上、茶几的襯墊上、臥鋪的床單上也都印滿了廣告話語。車廂裏的播音員在報站名時還要順便為這個城鎮加播許多廣告性的介紹，車廂似乎已經變成鬧市。有一天我突然發現，車廂裏再也見不到捧著書本的人。倒幾乎是人手一機（移動電話），隨著音色、聲調各不相同的鈴聲，是數不清的拇指在頻頻扣動。世道真是變了，大變了。僅從傳播媒介的角度看，電子技術產品取代了千百年來的紙本印刷，那無疑是一個巨大的變化。

變化的顯然不僅僅是傳播媒介，同時還有我們的生活節奏、生活氛圍、生活情調、生活理想，變化的還有我們的知覺方式、行為方式、交往方式、記憶方式，以及我們的價值觀念和生存的意義。說到底，是我們置身其中的時代和社會發生了重大的變革。這一切變化當然不能全部歸之於傳媒，但卻全都與傳媒有關。正如大衛·阿什德（**D.L.Altheide**）指出的：“在我們的時代，身份、個人經歷、信譽以及諾言都被資訊技術和傳播範式所觸及。資訊技術已經影響到了下面所列的事項，並且經常改變它們之間原有的特性和聯繫：工作、吃、睡、愛、記憶、遊戲、戰鬥、學習、研究，當然還有寫作。”這也正如馬歇爾·麥克盧漢高度概括的：“電子媒介構成了文化、價值和態度的全局的、幾乎是剎那間發生的轉換。”

在現代科學技術的裝備下，傳媒已經取得了前所未有的、近乎神奇的力量，這種力量已經切實地改變了人類社會的前進方向、人類自身的生存狀況乃至地球生態系統的運轉。但是，正如我國哲學家金岳霖先生說過的：僅僅靠力量，人類並不能夠解放自己，甚至人類取得的力量有多大，人類就有可能在多大的程度上成為那種力量的奴隸。他的意思是說，隨著力量的不斷積累，往往會產生不斷膨脹的追求力量的欲望，甚至超過生存需要的界限，結果這種力量反倒會成為奴役人類自身的力量。人類其實是不能獨斷專行、為所欲為的，人類社會也不會遵照人類的一廂情願總是突飛猛進。人類應當學會在自然、社會、技術和人類心靈之間尋求平衡、和諧、健康的發展，那麼，這就需要一種大智慧，一種生態智慧。對待現代傳播媒介擁有的、以及開始釋放的巨大力量也應如此，傳媒界不僅應當擁有自己的“高、精、尖”的工程技術人士，更應當擁有自己的“人文知識份子”，擁有自己的

"思想家"、"教育家"。在我看來,徐國源先生的這部《傳播的文化修辭》,就是在這種意義上誕生的。

本書在吸收西方的研究成果時卻時時立足於中國民族文化的深厚土壤中,努力促使西方文化與中國文化、現代文化與傳統文化、以及精英文化與民間文化(即所謂"草根文化")的交流融會。這應當是徐國源先生多年來的一貫主張,他在他的《草根傳播與鄉村記憶》一書中就曾強烈地表白過"傳播學研究應當中國化、本土化"的立場,他本人早年從事民俗與民間文藝調查研究的實踐,也為此積累了豐富的經驗。他的這一學術優勢,在本書中已經得到了充分的體現。在我看來,一個中國學者能夠自覺地朝著這個方向去做是尤其可貴的。這還不僅涉及一個學者的民族感情與民族自信心,同時,這更符合傳媒學科建設的實際。因為,中國的傳統哲學或曰傳統文化思想,其核心就是一種自然哲學、人文精神。

最後,我不能不向人們交代的是,我自己對於本書中論述的傳播學領域的問題來說基本上是一個門外漢,為此書寫撰寫序言我決非合適的人選。感謝作者給了我這樣一個優先研讀並發表意見的機會,不當之處還要請相關專家及廣大讀者批評指教。

魯樞元

2007 年 4 月 25 日

傳播的文化修辭

目　次

輯　三　記憶的銘文

輯　四　新聞的平臺

輯一　語話的介面

媒介作爲 "環境"

研究者很早就發現，傳播媒介具有爲大眾構造 "虛擬性" 社會環境的功能。最早提出這個觀點，是美國著名政治學者沃爾特·李普曼。李普曼在 1922 年出版的《輿論學》一書中，首次提出 "虛幻外界與腦中圖景" （The World Outside And The Pictures In Our Heads）這一意味深長的命題。在他看來，人類生活在兩個環境裏：一是現實環境，一是 "擬態環境"，後者還形成了 "我們頭腦中的圖畫"。他說：

> 因為真實的外界實在太大、太複雜、轉瞬即逝，使人無法直接熟悉它。我們還無力對付如此多的差別細微，紛繁複雜、變化多端和包容兼併的現象。總之，我們必須在此環境中有所行動，並且在我們力爭能駕馭它之前按一個簡單些的模型重新塑造它。[1]

在李普曼看來，那個 "簡單些的模型" 也就是由媒介創造的 "擬態環境"。他認爲，在現代社會中，由於現實環境早已變得錯綜複雜，遠非個人所能親身經歷，這時，大眾媒介把 "不可觸、不可見、不可思議" 的現實環境，經處理後傳遞到人的面前，爲人們提供一個可感可知、並彷彿也能親身經驗的間接環境，即所謂 "媒介環境"。由此，人們借助媒介組構的圖像，藉以形成 "頭

---

1 Walter Lippmann, Public Opinion（New York：Macmillan 1921），p16。

腦中的圖畫”，並且“人們可以從所讀到、看到和聽到的內容，發展出對物質現實和社會現實的主觀及共認的意義構想。”[2]

我們知道，媒介的功能並非像“鏡子”一樣，被動地反映現實，而是以特定的視角和手段，經“過濾之眼”選擇後，將現實“再建構”後呈現給人們的。因此，人們從媒介中看到的世界並不是世界本身，而是被媒介選擇、解釋、轉述後的世界。換言之，“現代人實際上生活在一個被媒介製造的‘資訊洪水’包圍的世界裏，對事物的感知、判斷及採取的行動，大都以他們看到、聽到的媒介現實爲依據。”[3]這樣看來，媒介構建的“擬態環境”對現代人的影響和“塑造”實在不可小覷。

20 世紀是大眾媒介突飛猛進的時期。由於電子媒介和網路媒介的興起，社會的“媒介化”程度迅速提升。人們生活在媒介創造的虛擬環境中，“媒介現實”代替了真實的現實，人們甚至已經無法分清“真實”與“虛擬”的界限。媒介技術所提供的高保真、高清晰畫面，似乎伸手可及，給人以自己同實際環境保持了密切聯繫的錯覺，而事實上，我們所接觸到的，只是二手、三手乃至多手材料的轉述而已。正是從媒介對“真實”的措置開始，一些更深層次的問題接踵而來。

首先，媒介既能構造環境，也經常歪曲環境。按照阿爾都塞的觀點，大眾傳媒是在意識形態支配下的“想像”的結果，而意識形態是一種“表像體系”，是“個人同他的存在的現實環境的想像性關係的表現。”[4]由於意識形態訴諸人的感受，而多數情況

2 參見〔美〕M·L·德弗勒等，《大眾傳播學諸論》（北京：新華出版社，1989），頁 42。

3 張國良，《新聞媒介與社會》（上海：上海人民出版社，2001），頁 63。

4 參見〔法〕路易·阿爾都塞，《保衛馬克思》（北京：商務印書館，1984），頁 203。

下與自發"意識"毫無關係，因而當人們錯誤地把意識形態支配下的"擬態環境"當作"現實環境"，並決定自己的行動的時候，就不可避免地使社會付出沉重的代價。

精神分析學家榮格曾經針對羅馬人的"奴隸心態"，作過一個饒有意味的分析，他說："每一位羅馬人都生活在奴隸的包圍之中，奴隸及其心態在古代義大利氾濫成災，每一位羅馬人在心理上 —— 當然是不知不覺地 —— 變成了奴隸。因爲他經常不斷生活在奴隸的氛圍之中，所以他也透過潛意識受到了奴隸心理的侵染。誰也無法保護自己不受這樣的影響。"[5]顯然，在榮格看來，羅馬人的"奴隸心理"並非天生習得的，而是"奴隸的氛圍"影響的結果。與此相似，在當今的大眾傳播環境中，因媒介的投影無處不在，它的建構環境的功能已大大超越了古羅馬時代的人際之間的傳播，其結果是，人更難保證自己不受社會氛圍的影響。例如，在中國大陸"史無前例"的"文化大革命"中，有多少熱血沸騰的青年迷醉在"權威"媒介虛構的"幻影"之中。同樣，回顧最近一百年來，人類歷史上的戰爭、動亂或其他社會事件的發生，儘管有多種因素，但無疑，被意識形態滲透的傳播媒介則是其中一項重要的"變數"，它策動事件，刺激情緒，鼓噪適合意識形態宣傳的氣氛，其結果是，媒介所製造的虛幻外界使"傳播權力"淪爲"社會暴力"。

其次，傳播媒介構建的"擬態環境"，經精心的人爲包裝，以假亂真的技術手段，改變了自然的社會生態。在現代社會中，"媒介環境"主要有兩個"要件"構成：一是"媒介事件"，即有意安排的、非自然的人爲事件，如新聞發佈會、公關活動、揭

---

5 參見〔加〕埃裏克·麥克盧漢著、何道寬譯，《麥克盧漢精粹》（南京：南京大學出版社，2001），頁 242。

幕剪綵等。在國外,由各種機構或企業的公關人員一手操作;在國內,也有人專門從事"媒體策劃";二是"媒介人物",即媒介安排的人物訪談。許多顯赫一時的名流都是借助媒介之手,大出風頭。由這種媒介邏輯帶來的問題是,過多的商業氣息誘發人們的逐利本能和消費欲望;對公關事件的過度注意,則淹沒和沖淡了對現實重大事件或環境重大變動的應有重視;對名人的過度宣傳,也可能引發某些不健康的社會導向等。也就是說,媒介構建的"擬態環境",已改變了日常生活的本質,人們(更多的是青少年)或許真的以爲,媒介所創造的"浮華"、"熱鬧",便可以代替"油、鹽、醬、醋",是全部生活的"真實"了。

再次,媒介爲了傳播效果,刻意渲染、暗示和刺激受眾"腦中圖景",其結果則可能影響人的"潛意識"。"媒介是人體的延伸"(麥克盧漢),這個"延伸",不僅指人的視覺、聽覺和觸覺的延伸,更是人的精神邊際的延伸。當媒介傳播具有暗示性內容,人會由於情感作用展開聯想、想像,從而出現"變延"現象,而其結果往往會帶來負面效應。例如,2004年6月9日大陸中央電視臺直播自然分娩,引起廣泛關注之後,又於6月30日下午在一套《中國人口》欄目再次直播一高齡女性剖腹產分娩的全過程。對此,在觀眾和社會學家中引發了爭議。請看報導:

　　　　前天看完直播後,一位元女大學生對記者說的第一句話就是:"看剖腹產生孩子太可怕了,我以後不打算生了!"

　　　　記者發現,原本想推廣普及分娩知識的科普節目,卻讓更多發未婚女性對分娩過程產生一種恐懼感。不少女孩來電反映,收看整個直播過程的時候一直都很緊張,眼睛也睜得大大的,一直到聽到嬰兒的哭聲,才放鬆下來。還有一些女孩說:"雖然我很愛我媽媽,不過我還是認爲生小孩是一件很可怕的事情。我想，如果將來結婚後，老公同意不要小孩子的話，我就打算一輩子不生了。"[6]

由"爭議"引發思考，一些專家認爲："分娩是生命的一個必然過程，但現代社會，剖腹產、拒絕母乳餵養的比例卻不斷上升。而一些影視、新聞節目還過度渲染、暗示分娩過程的痛苦和心理焦慮，這是很不應該的。"按照醫學常識，剖腹產畢竟不同於正常的生命誕生，如果電視還 "二度聚焦"這一過程，並"逼真"地進行直播，就更加需要謹慎，要充分考慮其可能產生的社會負面影響。

如果說李普曼著眼於媒介的"建構" 功能，提出了"擬態環境"這一理論假設，那麼 M・波茲曼則從媒介的符號屬性出發，直接提出了"媒介作爲環境"的命題。什麼是"媒介作爲環境"呢？波茲曼的論述，至少涉及三個層面的問題：

第一層面，媒介研究將任何環境視爲結構。我們知道，結構的獨特性在於管制內部行爲，並形成事物聯繫的規律或規則。例如，一個建築便是一種結構，建築的主要建築設計和構造決定了在基礎結構中如何安排所有其他事物（例如室內設計、硬體、傢俱等），以及最終該建築的居住者如何獲得（或無法獲得）彼此溝通的途徑或人際互動。同樣道理，我們也可以將每一傳播媒介本身視爲這樣一種結構，即一種符號結構或曰符號環境，它們由一套專門的代碼和語法構成。

我們在使用任何媒介之時，實際上也在適應媒介這一符號環境。當我們用視覺、聽覺、嗅覺、觸覺和味覺感受或者 "感覺"身邊的世界時，也就從媒介的內在符號世界中思考、感知、談論

---

6 〈央視直播剖腹產引發爭議〉（上海：《新民晚報》），2004 年 7 月 1 日。

或表現它。例如對電影製作者而言，電影 "看起來" 像一系列視覺圖像和聲音，等等。從這個微觀層面來理解，當我們 "使用" 媒介時，不是站在傳播媒介之外，相反，我們其實處於傳播媒介符號結構之中。由此表明，媒介研究其實是對傳播媒介在人類感知、人類意識或者人類思維過程中扮演何種角色的研究。

第二個層面，由第一個層面延伸，當今多媒介時代的符號環境中，已不是一種媒介或一套專門的代碼和語法，而是兩種以上或多套專門的代碼和語法的並存。不難想像，這個多媒介的符號環境，比前面描述的單一媒介符號環境在本質上要複雜得多，也更難研究。就這個層面而言，我們所關注的，是媒介共存的動態影響以及它們之間的互動如何構建了一種合成的符號環境？其符號整體與各個符號部分的總和又有什麼質的不同？例如，網際網路 （Internet），它兼具書寫、（靜態和動態）圖像、聲音、電腦、電話等特徵，作為一個獨特而相容的符號環境，其機理特徵是什麼？

第三個層面，作為理解 "媒介作為環境" 第二個層面的一個擴展，根據媒介生態學，任何一種社會環境就是一個複雜的人際互動傳播系統，其內在的符號結構不僅包括資訊的傳播，還有該環境中人們的行為。因此，媒介生態學還需要一套專門的辭彙和規則來說明人們的行為以及他們如何處理、對待事物，如何相互發生聯繫，以及如何與這個環境以外的一切相互影響。從這個角度來看，我們也可以將一家電影院、一個新聞機構、一個俱樂部或者一間臥室都概念化為傳播媒介，因為這些環境都體現了一套符號結構或傳播方式，很像用於傳播的任何一種傳統媒介。[7]

---

7 林文剛：〈媒介生態學在北美之學術起源簡史〉，載當代文化研究網 www.cul-studies.com

　　顯然，波茲曼的 "媒介作爲環境" 主要是從媒介的 "結構
—— 符號 —— 功能（意義）" 的邏輯線索，來加以闡釋 "媒介作
爲環境" 這個問題的。這種研究視角，不可避免地忽略了 "媒介
環境" 的社會學考察，即媒介與社會之間的相互關聯和影響。另
外，波茲曼的 "媒介作爲環境" 的觀察角度，儘管對作爲 "技術"
的媒介本身有較強的解釋功能，但畢竟缺乏社會、文化方面的觀
照。所以到了 20 世紀晚期，他特別感興趣的已不僅僅是媒介，而
是媒介和人類之間的互動給予文化以特性的方式，致力於幫助文
化保持象徵意義的平衡。

　　無論是媒介 "建構" 環境，或媒介 "作爲" 環境，兩者都指
明了媒介具有營造環境的功能。但對於這個人工仿真的、虛擬性
的符號世界，以及由它所引起人的意識延伸的結果，對人類來說
究竟是 "善" 還是 "惡"？是把人們帶進一個 "千禧盛世"，或
者是由此出現一個假耶穌 —— 如葉芝筆下的、在耶穌誕生地伯利
恒出生的懶洋洋的怪獸？至今，我們似乎還找不到答案。

"眞人活劇" —— 現代人隱喻

　　20 世紀 60 年代，一種新媒介 —— 電視，已滲透進美國人的日常生活。恰在其時，美國又出現一股"文化反叛"浪潮，電視上充斥暴力內容，並且將街頭的暴力"放大"後呈現給所有人看。由此，一些學者把現實世界中不斷增多的暴力行爲與電視的暴力內容聯繫起來分析，試圖找到暴力電視節目對觀眾的潛在影響。

　　喬治·格博納等人接受美國心理衛生部等機構的委託，對電視內容及其影響展開了長達十多年的研究。他們統計分析了美國三大電視網（ABC、NBC、CBS）12 年間（1967～1978）播出的 1548 部電視劇。結果表明，80%的節目含有暴力場面。他們得出的結論是，儘管一般人在日常生活中被捲入暴力的可能性不到 1%，但人們通過電視所感受到的卻遠遠超過了現實。而且，越是長時間接觸電視的人越是明顯，而這與性別、學歷、年齡等無關。

　　作爲研究的一部分，他們還提出三個問題以測定電視觀眾對現實世界的感覺：（1）"你認爲大多數時候人們是樂於助人，還是只關心自己？"（2）"你認爲大多數人一有機會就占你便宜，還是會試圖公平待人？"（3）"一般來說，你認爲大多數人值得信任，還是認爲與人打交道越小心越好？"調查結果表明，接觸電視越多的"電視迷"比起一般的電視觀眾更傾向於把這個世界看得更陰暗、卑鄙，而且更不相信別人。

在此基礎上，格博納提出了著名的"涵化"理論（也稱"培植性分析"理論），他論述道：

> 電視節目是一個講授故事的集中系統。它是我們日常生活的一部分。它的戲劇、商業廣告、新聞和其他節目將一個相對連貫的公共形象和資訊的世界帶入了每個家庭。從孩提時代起，電視節目就培植了我們的偏愛和愛好，而在以前這些偏好是從其他的第一手來源獲得的。電視跨越了文字和地域的屏障，成為社會化和每日資訊（多為娛樂形式）的第一手來源，否則，我們將還是個異質社會。成批製作的電視資訊和電視影像的重複幀面圖像匯成了一個公共象徵性環境的主流。[1]

既然電視被認為是觀念和價值"認同"的文化代理人，格博納便把這種效應稱為"涵化"或"培植性"。

顯然，涵化理論不是個別媒介的"效應"理論，而是對整個文化的闡述。其核心內容是：（1）電視反映了占主導地位的文化和社會價值觀念，並且借助表述的符號現實，"培植"電視觀眾關於社會現實的態度和觀念；（2）電視具有明顯的涵化力，在潛移默化中影響人們對現實世界的判斷。例如，人們看電視的時間越多，對社會現實的觀念就越接近他們所看的電視內容。

80年代以後，格博納和他的同事們又對"涵化"理論進行了提升，提出了三個更富有建設性的命題：

（1）"主流化"。"涵化"理論的創立者發現，電視對整個社會文化具有擴散性影響。由於電視對不同人群的廣泛聯結，其結果是使整個社會人群的觀念趨於"同質化"或"主流化"。調查表明，收看電視較多的人，儘管他們彼此的人口指標（如年齡、

1　〔美〕斯蒂文·小約翰，《傳播理論》（北京：中國社會科學出版社，1999），
　頁588-599。

性別和教育程度）不盡相同，但他們對"真實"世界的看法卻比較接近，並且通常會共用某種觀念。

（2）"共振"效應。觀眾在收看電視節目中，如果欣賞的畫面情景與自己在日常生活中的經驗不謀而合時，兩者的疊加會加強電視資訊的作用，從而提高"涵化"的效果。這在格博納他們看來，是電視中的世界與真實世界的"重合"，引發了"共振"效應。"共振"效應有利於一種標準化的意識形態及世界觀的"認同"。

（3）"公共表達"的形成。早在 1967 年，格博納就曾指出公共傳播的重要性。不過，他所根據的並非"大眾"的概念，而是基於"已經超出面對面以及任何其他個人式仲介互動的限制之外的、廣泛而制度化的公共表達"的社會變化而言。在格博納後來的著作中，他將"公開發表"（publication）（也即大眾媒介的主要活動）看成是一種"私人的認知體系向公共認知體系的轉變"，這種轉變也創造出一種新興的"集體思想"的基礎。麥克盧漢也曾指出類似"再部落化"效果，其中內含一個觀點："認同"性的公共表達是透過系統性以及廣泛分享的大眾媒介訊息而實現的。[2]

格博納以為，電視要為"涵化"以及"文化適應"負主要責任。根據這種觀點，幾乎在所有的生活層面上，"人"都被"經過篩選"的社會觀所宰製，並且根據這種社會觀來塑造人的信念與價值。但是，格博納的"涵化"理論也有一個顯見的缺陷，即：他雖然認識到電子媒介具有涵化人們的觀念和價值認同之功能，但僅限於此，他沒有能夠站在哲學的高度，在人的本體意義上理

---

2 參見〔美〕Denis Mcquail 著、陳芸芸譯，《最新大眾傳播理論》（臺北：韋伯文化事業出版社，2001），頁 152。

解媒介涵化的潛在功能。

　　在我看來，大眾媒介特別是電視媒介，它不僅培育了一種“主流化”的社會觀念，更具有深遠意義的是，它還影響了人們的存在的意識。它打破了亙古以來人們業已建構的典型的社會空間概念，並且從根本上改造了人的社會經驗。比如，傳統上，人類經驗是根據角色和社會情勢（如：年齡、性別以及社會地位等）劃分的，“私領域”（幕後）和“公領域”（幕前）之間的“壁壘”非常分明，但電視媒介則似乎不加區分地將所有社會層面的經驗都“拉”進來了，並且是呈現給所有人觀看。如此一來，便不再有任何秘密存在，舉例來說，如性、死亡和權力等。

　　或許人們還記得 1998 年上映的美國影片《真人活劇》（The Trueman Show），片中那位男主人公特魯門恐怕正是持續被電視媒介“涵化”的現代人的“隱喻”。美國電視機構 ——“全像”媒體公司以特魯門為主角，設計了一個大型電視肥皂劇，進行全天候實況衛星轉播，其內容就是特魯門的每天的日常生活。他一出身就是戲中人，“海上避風港”是世界上最大的攝影棚，其中巧妙地設置了幾萬台攝影機，他的一舉一動每時每刻都暴露在攝影機和電視觀眾的窺視之下。它的製作者們聲稱：這個劇是真實的，它沒有偽造，它只有“控制”。這個表現“真實”的電視劇恰恰成為我們今日生活現實的一個象徵。

　　大眾傳媒的涵化力，以及現代科技似乎具有的呼風喚雨的魔力，越來越呈現出媒體是今天主宰世界的真正上帝的真相，而且，令人匪夷所思的是，人們也真的拜倒在它腳下，再也離不開它了。大眾傳媒徹底改變了人類的生存方式，它無孔不入，成了改造社會、創造現實的巨大力量。其結果是：

　　1、正如後現代主義理論家利奧塔德和詹明信所言，當今人類已處在這樣的歷史狀態之下："表現"（representationg）和"現實"（reality）已難以截然分開，"表現"常常在代替和創造"現實"。在此條件下，"真實"成為一個最為吊詭和最不確定的概念，它就像"真人"特魯門，最最真實地生活在一個鋪天蓋地的、充滿"控制"的表現系統中 —— 一個大眾傳媒製造的影像世界裏。[3]

2、現代傳媒似乎塑造了"神話"，吸引每個人似乎都朝著相同的資訊環境前進，不過其結果卻是，當個人返身真實世界的時候，在社會或實體區域找不到自我，造成一種沒有歸屬感的身份"迷失"，成為經常向自身發問"我是誰"的"迷途的羔羊"。而從本質上看，媒介的"涵化"其實是短暫的，而不具有最終性質。

3、大眾傳媒以它圓滑而有力之手，控制和"圈定"個人的思想、情感和生活，從而扼殺人的主體性和創造力。這使人想起當年阿多諾和霍克海默對文化工業的批判：一個標準化的文化工業大規模興起的社會，已經喪失了培育自由和個性的能力。大眾媒介無疑加劇了這場時代性危機。

《真人活劇》的結尾，特魯門勇敢地走出了"海上避風港"的那扇門，開始了自己的"真人"生活。這似乎預示著，在大眾媒介和文化工業的歷史框架內，在人們重新構築和闡釋文化的過程中，仍然存在著各種個體或集體的創造和解構的可能。

---

3 王華之，〈媒體與今日之現實〉，《讀書》第 11 期（1998 年 11 月），頁 35。

麥克盧漢的媒介平衡觀

一

　　自法蘭克福"批判學派"以來，西方學者大多以負面的價值判斷看待大眾媒介的功能。他們認為，大眾媒介的高度發展，其實並沒有擴展人類的精神空間，反而使"精神圈"不斷趨向狹窄、逼促、窒悶。馬爾庫塞在《單向度的人》中，便對大眾傳播和文化工業造成人類"單向度"的思想和行為方式進行了充分論述。在諸多論述中，馬爾庫塞一再表明：作為一種灌輸和操縱手段，大眾媒介不僅製造了一種虛假需求，而且使人置身於"虛假"之中，而形成共同的"單向度"的思想和行為。"單向度的人"一詞，後來通常被用來批評大眾媒介所帶來的社會意識形態的趨同化，實際上也揭櫫了人們的精神世界是如何趨向單一乃至枯竭的秘密。

　　當電子時代到來以後，媒介越來越以其強烈而富有刺激性的聲、光、色等結構性元素，喚起人們的視覺快感和深藏的欲望，"好看"抽乾了內容，觀看儀式代替了追求內在精神的"品味"。媒介似乎"通過一種社會感應術，成千上萬的個人都被施加魔法似的形成了相同的思想和影像。這些東西就像無線電波一樣，從一個人傳播到其他的人。當這樣的事情真的發生時，我們所看到的景象是令人擔憂、難以忘懷的。其中一大幫彼此素不相識的人，被同樣的情感本能地支配著。他們就像一個人那樣對一條標語，或者一個口號作出反應，並且自發地融為一個集體性實體。"[1]在這種冠以"現代"的名義下，選美大賽、內衣秀、封面女郎、時裝表演、脫衣舞、廣告女郎、人體攝影，夢露或麥當娜，施瓦辛格或貝克漢姆……等等，媒介所塑造的當代藝術和大眾文化，成了"我們身體與世界達成的共同協議"[2]，有品味的、個性化的精神追求已變得越來越不重要了。

　　當然，對於大眾媒介所造成的精神性"生態危機"，一些覺醒的學者是存在深刻的隱憂和反思的。但是，因置身於高科技媒介和大眾文化的巨影籠罩，他們對此多少也顯得無奈和束手無策。因此，人們只能把一切罪孽，都歸咎於"技術"這個"萬惡之源"，正如一位俄國學者所指出的那樣：我們時代的危機在很大程度上是有技術引起的，因為人沒有能力駕馭這個技術。"這個危機首先是精神危機，而技術使人離開大地，把人轉移到世界空間之中，賦予人以大地的全球感受。技術徹底地改變了人們對空間和時間的態度。技術敵視一切有機的具體化。技術的統治使人的生命中心理的東西弱化，削弱心靈的熱情、舒適、激情和傷感。傷感總是與心靈相關，而不是與精神相關。技術毀滅生活中一切有機的東西，把整個人的生存都置於組織的標誌之下。從有機體向組織過渡的必然性是當代世界危機的根源之一。"[3]也就是說，現代人的精神危機，都是源於技術這個"冰冷的金屬環境"，媒介問題也如出一轍。

　　即便如此，在我看來，技術組織的原則以及媒介的光影，從

---

1 參見〔法〕塞奇·莫斯科維奇，《群氓的時代》（南京：江蘇人民出版社，2003），頁33。

2 羅鋼等，《文化研究讀本》（北京：中國社會科學出版社，2000），頁172。

3 參見〔俄〕別爾嘉耶夫著、張百春譯，〈當代世界的精神狀態〉，《問題》第2期（2003年2月），頁312-313。

來沒有也不可能成爲主導的、無所不包的原則。因爲總是有許多東西仍然處在有機的狀態，活的、自然的狀態，尤其是人的精神。人不會只是客體，他還是主體，人在自身裏擁有自己的生命。在媒介面前，世界不只是供人欣賞的，人也不會只是個直觀者。這恰恰是生態的"秘密"所在。

　　所以，現代媒介社會中精神圈的窘態和精神污染，本質意義上不是技術的問題，也不是媒介的問題，而是關於"人"的觀念問題。可以毫不誇張地說，現代社會的未來及精神生活是否安定，在很大程度上取決於在傳播技術和個人的回應能力之間，是否能維持平衡。一個健康、和諧的社會精神空間，根本出路在於轉變人們的觀念，真正建立媒介與人的"互動"的生態觀，並從哲學的高度重新審視和調整媒介與社會、媒介與"人的精神"的關係，使人們的價值觀趨向合理。惟有觀念的轉變，然後才會有社會精神生態環境的真正改善。

二

　　由媒介帶來的環境變化本身，其實在社會倫理上是"中性"的，問題的本質（或者也是人類的必須走出的困境），是我們應充分認識媒介對人類心理影響的潛在機制，以及我們如何去感受和作出反應。"數百年來，人們在這方面的失敗具有典型的意義，這是完完全全的失敗。人們在媒介如何影響潛意識，抱溫順接受的態度，這使媒介成爲囚禁其使用者的無牆的監獄。"[4]確實，我們不能再犯這樣的"聰敏的錯誤"了。

　　20世紀以來，在這個層面上，許多傳播學者不倦探索，但似

4　〔加〕埃裏克·麥克盧漢等著、何道寬譯，《麥克盧漢精粹》（南京：南京大學出版社，2001），頁242。

乎都像"霧裏看花"，沒能作出令人信服的解釋。恰恰是麥克盧漢 —— 儘管他本人也未必清醒地意識到 —— 卻開始用"生態"的眼光觸及這個問題。他提倡"認真研究媒介"，並且先見之明地"開始尋求一種關於媒介的平衡理論"。

1969 年，麥克盧漢在接受《花花公子》的訪談中，闡發了他的基本　"媒介觀"，即"技術革新是人的能力和感官的延伸，但是這些延伸反過來又改變了這種平衡，無情地重新塑造社會，而社會又產生新的技術"，由此，他進一步指出"媒介環境"的巨變，必然對人類生態造成潛在影響：

> 過去，人們對媒介影響的經驗是漸進的，這使人和社會能夠在一定程度上吸收和緩解影響的衝擊。今天，在瞬息傳播的電子時代，我相信我們的生存，至少是我們的舒適和幸福，要取決於我們是否瞭解我們的新環境的性質。這是因為與過去的環境變化不同，電子媒介構成了文化、價值和態度的全局的、幾乎是剎那間發生的轉換。這種巨變產生巨痛和身份的迷失。只有對巨變的動態獲得清醒的認識，才能減輕痛苦，減少迷失。只有瞭解新媒介引起的革命性轉換，我們才能預測和控制這種變化。但是，如果我們繼續沉溺於自我誘導的潛意識癡迷，我們就會受到它們的奴役。[5]

麥克盧漢的媒介觀的深刻之處在於，它以一種超越於技術媒介理論和普泛的倫理觀來論說媒介給社會帶來的影響，它立足於媒介與人的關係、媒介與社會變遷的"大視野"，觀照媒介環境的動態進程及其意義。他透闢的看到，"由於今天的資訊運動速度加快，我們有機會去瞭解、預測和影響塑造我們的環境力量。

---

5 同上，頁 362。

因而我們有機會奪回自己命運的控制權。人的延伸及其產生的環境是進化過程的核心體現……真正重要的是如何使用媒介，而不是媒介對我們做了什麼以及媒介與我們一道做了什麼。這是技術白癡的傻瓜立場。"[6]

因此，麥克盧漢游出了思想的"漩渦"，便能夠發現更多的秘密。他說："我個人非常信賴人類的彈性和適應力。我展望未來時心潮激蕩，充滿信心。"他所謂的"人類的彈性和適應力"正是社會生態演化的自然特徵。基於對人類適應新環境的信心，所以他即使在現代社會"沉入漩渦谷底"時，也仍然保持冷靜的態度，因為他相信："我預料未來的幾十年會把這個行星改變為一種藝術形式。此間的新人在超時空的宇宙和諧中連在一起。他們會用官能去擁抱和塑造這個地球的各個方面，彷彿把它當成是一件藝術品。"[7]

顯然，麥克盧漢的"新媒介"理想，是向詩的"藝術形式"敞開的，而這正是生態哲學與審美意識的"高級"呈現。

三

面對無所不在的大眾媒介，拒絕被"涵化"、返身小國寡民的原始社會既不可能，正視與超越才是求得自由、完保真身的正確之道。在這個意義上，僅僅像西方"批判學派"那樣猛烈抨擊媒介現況，其實並不能改變大眾媒介正在並將日益深入地主宰世界的趨勢。媒介社會已經構築起一個新的生態環境，我們必須理解這個新環境的結構與功能，並且以一種全新的視野來審視

---

6 同上，頁 362。
7 〔加〕埃裏克·麥克盧漢等著、何道寬譯，《麥克盧漢精粹》（南京：南京大學出版社，2001），頁 403。

"人"的命題。

在生態層面上，許多學者都在探詢"生命體"如何適應傳播環境的變化，並找到新的"平衡"之道。拉斯韋爾引用生物學的知識指出："如果我們注意到，傳播在生物的各個進化階段，在何種程度上成爲生物的特徵，我們就可透視人類社會，儘管這有可能得出錯誤的類比。一個生命體，不論是相對孤立的還是與群體相連的，都具有從外部環境接受刺激的獨特方式。不論是單細胞有機體，還是多成員群體，都設法保持內部平衡，以這種平衡的方式對外部環境的變化作出反應。這種反應需要以獨特的方式使生物體的各部分協調行動。"[8]這個觀點似乎說明："人"應該與外部環境的保持"平衡"，而且需要協調行動，但僅止於此，並不能把人帶出思想的"迷宮"。

麥克盧漢站在時代哲學的高度，基於媒介的每一次變革都是"人體的延伸"的慧眼洞察，對現代電子媒介社會作出了"傷感"而不"悲觀"的預測性判斷。他指明，上述因媒介"涵化"而引發的"災難"，並不是媒介的幽靈作祟，而是人們缺乏"媒介經驗"和不瞭解"新環境性質"造成的後果。他還預言，"電子革命將恢復人的感官平衡"，並且他把這個歷史進程稱之爲"重新部落化"："這將是一個完全重新部落化的深度捲入的世界。通過廣播、電視和電腦，我們正在進入一個環球舞臺，當今世界是一場正在演出的戲劇。我們整個的文化棲息場，過去僅僅被認爲是一個容器，如今它正在被這些媒介和空間衛星轉換成一個活生生的有機體。它自身又包容在一個全新的宏觀宇宙之中，或曰一場超地球的婚姻之中。個體的、隱私的、分割世界的、應

---

8 參見張國良，《20 世紀傳播學經典文本》（上海：復旦大學出版社，2003），頁 200。

用知識的、‘觀點的’、專門化目標的時代，已經被一個馬賽克世界的全局意識所取代。在這個世界裏，空間和時間的差異在電視、噴氣飛機和電腦的作用下已經不復存在。這是一個同步的‘瞬息傳播’的世界。"[9]緊接著，他又進而指明，人類的"重新部落化"必將把人們帶進"既有衝突不和，又有愛與和諧"的"地球村"，而這個"地球村"是一個由電子技術編織的牧歌悠揚的理想之境：

> 你明白，部落是無所不包的，但是這並不意味著，它要求人們都服從一個模式。畢竟，一個大家庭裏多樣性比較多，服從性比較少，比數以千計的家庭組成的都市混合體的情況要好得多。村子裏偏離中心的情況揮之不去；在大都市里，千篇一律、沒有個性反而成了風景線。電子技術鍛造的地球村激發出更多非連續性、多樣性和區別性，它比原來機械的、標準化的社會要略勝一籌。實際上，地球村必然要求產生最大限度的不同意見和富有創造性的對話。千篇一律和萬馬齊喑並不是地球村的標誌。可能性更大的情況是，既有衝突不和，又有愛與和諧 —— 這是任何部落民族慣常的生活方式……今天的年輕人歡迎重新部落化，無論其感覺是多麼的模糊。他們把重新部落化當做從文字社會的千篇一律、異化和非人性化中解脫出來的辦法。[10]

麥克盧漢的觀點似乎不落言筌，卻發人深省。不過，麥克盧漢所憧憬的類似於中國古代詩人陶淵明描畫的"桃花源"的理想境界，有個重要前提不能忽略，即人類必須適應"一個電子技術

9　〔加〕埃裏克·麥克盧漢等著、何道寬譯，《麥克盧漢精粹》（南京：南京大學出版社，2001），頁 400。
10　同上註。

鍛造"的新環境，而不是試圖重新返身到蠻荒時代的原始部落，同時，在這個"重新部落化"的"地球村"中，人們還必須展開"最大限度的不同意見和富有創造性的對話"，因為這才可能比原來刻板的、標準化的工業社會略勝一籌。

"地球村"的思想理念，後來被聯合國表達為"多種聲音，一個世界"。在一個多姿多彩的、聲音交響的時代，一個獨白的自我、隔絕的自我、孤立的自我、封閉的自我、不向他人傳播的自我，實際上已喪失了"自我"的社會屬性。人具有安排關係的能力，惟有"轉向他人"，展開交流與對話，不僅"被涵化"還"涵化"人，帶著自己的心靈探尋，甚至帶著疑問和惶惑，帶著尊敬和自我尊敬，傾聽他人的意見，並且參與到對話之中，才能從異化和非人性中解脫出來。所以，對待媒介的理想態度是，看看他人都說了什麼，理解別人，也重新理解自己，才可能達成精神上的相遇。

媒介中心，抑或社會中心？

　　媒介理論的一個特徵，就是各種觀點的廣泛歧義性。在媒介與社會的關係上，爭論的一個焦點即為 "媒介中心"（media-centric）與 "社會中心"（social-centric）的理論分野。

　　兩種理論的分歧基於不同的立足視野，都從不同的分析模式出發強調自身的 "宰製性" 與 "自主性"。其一， "媒介中心" 的觀點，偏重於媒介本身的活動領域，認為大眾媒介受到傳播科技發展不可抗拒的驅動力之影響，已經形成超越於社會運動規律的自主力量，大眾傳播具有自身的運作方式和邏輯，突出強調了媒介的自主性和影響力； "社會中心" 的觀點則將大眾媒介視為政治、經濟力量的反映，認為媒介正像它的本意一樣，只是資訊的載體，因此，媒介理論只不過是更宏大的社會理論的特殊應用而已；其二， "媒介中心" 理論認為，大眾媒介具有 "涵化" 和 "培育" 社會的能力，並且將大眾媒介視為社會變遷的主要策動者； "社會中心" 理論則認為媒介始終處於社會力影響的範疇內，它隸屬於社會，並對社會負有特殊責任。不難看出，由於立足點不同，理論之間的分歧不可調和。[1]

　　進一步分析的話， "媒介中心論" 凸現的是媒介的功能，強調的是媒介的邏輯。在新聞專業主義看來，媒介作為公共感覺器

1　〔美〕Denis Mcquail 著、陳芸芸譯，《最新大眾傳播理論》（臺北：韋伯文化事業出版社，2000），頁 7。

官，把大眾聯結爲一個集合體，增強與世抗衡的力量；它擴大人們的經驗範圍，組織我們的日常語言，不斷形成生活概念；而且，媒介對於社會來說還具有特殊的功能，因爲人們對社會的感覺總以某種具體的、可以觀察到的社會現象爲依據，對社會的認同依靠具有說服力的事實去確證。而新聞媒介每日以大量的報導彌補了個人對社會感知的空白，擴大了思想交流的範圍和頻率，使公眾對社會的認識有相當大的接近。

因此，媒介操控社會的效果不是自詡的，而是由廣大公眾接受的結果證實了的。鑒於此，"媒介中心論"就力圖表明，我們是一個媒介社會，在這個社會中，沒有什麼事物不是和媒介發生聯繫的 —— 一些事物或是由媒介發起，或是受媒介的影響，或是被媒介強化了，或者由媒介居間聯繫。"沒有在媒介中報導的事物，等於社會中根本不存在。一個事物在傳播媒介中爭得一席之地，是爲了在社會上爭得立足之地，在產生一切作用之前，首先爭取讓社會注意到它。"[2] "媒介中心"的宣導者的基礎判斷就在這裏。

但是，"社會中心"觀點論者則從根本上否認這種觀點。他們認爲，媒介不可能絕對"自主"，更不可能成爲"中心"。因爲媒介始終不能割裂與"外部世界"的關係，也難以擺脫各種社會權力的影響。舉例來說，狄明克和克伊特（Dimmick and Coit）就以一個包含了九個層級的分析架構，藉以說明權力或外力對媒介的潛在影響。其中主要的層次是：

●超越國家的因素：如國際規約組織或多國、跨國公司；

●社會：如政府或國家級的社會機構，政黨組織等；

2 參見〔德〕維爾弗雷德·布萊多，《媒介與社會》（北京：科學出版公司，1990），頁15。

●媒介、企業、公共團體：相互競爭的媒介企業、廣告商等
　等；
●社區：城市等；
●組織內部：一個組織內部的團體或部門；
●個人因素：角色、社會背景、個人態度、性別、原生族群
　等。[3]

　　這個分析層級清楚地表明：越是高的層級，不論在強度以及
方向上，都較低級的因素更為基本且巨大而直接。它同時暗示，
媒介是依賴社會才得以生存的，並且它穿梭於各種社會權力之
間，最終達成力量平衡的狀態。這似乎也服膺於社會中心的觀點。

　　更進一步說，人類傳播媒介歷史發展的邏輯並不是線性的技
術決定論。媒介從不是自主的，而是一個制度性的操作機構，要
服從於各種規則、慣例，受到政治和經濟的影響，正式和非正式
的控制。換言之，媒介只是提供了一個資訊傳播的技術條件，但
不能決定什麼資訊是應該被傳播的，"它本身既不能長期禁錮人
的思想，也不能使社會文化自動走向民主。媒介是整個社會、政
治和經濟生態中的一部分。從資訊技術的發展史上，可以看出，
技術工具和社會應用的關係是一個適應關係，體現了社會和政治
的選擇。"[4]

　　在我看來，"媒介中心"或"社會中心"，其實是在不同分
析框架、不同研究背景之下運作的"不確定的結果"，而且永遠
也不可能有一個明確結論。這恰恰是以往那種"線性"邏輯思維
的致命缺陷。如果按照生態學的"系統觀"，兩種觀點或許會出

3　〔美〕Denis Mcquail 著、陳芸芸譯，《最新大眾傳播理論》（臺北：韋伯文化
　　事業出版社，2000），頁 334。
4　陳衛星，〈麥克盧漢的傳播思想〉，《新聞與傳播研究》第 4 期（1997 年 4 月），
　　頁 70。

現“調和”而不失明察的建構性理論。我們認爲，在生態學的視野中，媒介與社會的關係可以生發的見解是：

1、“相互依賴”的觀點。媒介與社會之間的“各自表述”，未必和“相互依賴”的情況不相符。大眾媒介與社會正在持續進行互動，而且彼此影響。媒介對社會的資訊和娛樂需求產生回應，同時也刺激了創新，並且也促成社會文化氛圍的變遷，而這種情況又產生了新的傳播需求。時至今日，種種影響是如此緊密交織，不論是大眾或者社會，如果少了其中任何一項，都是令人無法想像的。傳播與社會彼此之間即使不是充分條件，也是必要條件。

2、“相互妥協”的觀點。當我們思考媒介與社會環境的關係時，應該注意到兩者之間還是一種互動、相互妥協的關係。不僅如此，我們還應該瞭解，任何媒介總是在特定的社會環境中運作，並求取與整個生存環境的良好關係的維繫。媒介組織在與更大的社會關係中，通常是正式或非正式地被道德的期望所規約或引導。例如基本的出版自由、對各種專業活動的倫理的指導方針等，事實上都是由特定社會的“遊戲規則”所安排和設定的。媒介與社會有著許多有形或無形的“契約”，當發生矛盾時惟有遵守規則，在妥協中重新融入社會的廣闊網路。

3、媒介對社會的“隨動”的觀點。在媒介的社會議題中，“媒介角色模糊”似乎是一種普遍的觀點。媒介能夠抑制自由，也能夠促進自由；能夠整合社會，也能促使社會分裂；能引發社會變遷，也能抑制變遷。歷史還表明，媒介經常以“開放”、“進步”姿態呈現，也經常以“保守”“、反動”的姿態出現，這種評判當然由媒介是否符合時代潮流的情形而定。儘管有這種不確定性存在，然而，毋庸置疑的是，媒介無論是社會的改造者，或是社會的阻礙者，它首先是社會觀念的傳播者。從歷史的觀點看，如果媒介不能與一個社會的時代脈搏、主流觀點相伴隨,與社會變遷的節律相"隨動",那麼媒介就可能淪爲"保守"甚至"反動"的代名詞。

後現代社會理論突出強調的是"去中心化"。它還暗示了一種反思性和持續的自我批判,這種"反思"和"批判"有助於避免或減緩極端"中心主義"所造成的"自由下落"。[5]在當今媒介社會中,媒介中心或社會中心之爭,很大程度上屬於傳統的"中心論"的思維方式,並且在學理上,媒介把自己置於中心,將孕育自身的"母體"推向"邊緣",矮化整體性的社會,似乎還隱含著邏輯上的矛盾。

作爲一種系統理論,生態整體主義(Ecological holism)形成於 20 世紀,主要代表人物是利奧波得和羅爾斯頓。他們從古希臘的"萬物是一"、"存在的東西整個連續不斷"等生態整體觀中,發掘出生態整體主義的思想資源。利奧波得曾提出"和諧、穩定和美麗"三原則,羅爾斯頓則對生態整體主義進行了系統論證,並補充了"完整"和"動態平衡"兩個原則。[6]生態整體主義的核心思想是,把生態系統的整體利益作爲最高價值而不是把某一實體的利益作爲最高價值,把是否有利於維持和保護生態系統的完整、和諧、穩定、平衡和可持續性作爲衡量一切事物的根本尺度,作爲評判人類生活方式、科技進步、經濟增長和社會發展的終極目標。

"生態整體主義"產生的語境,當然並非針對媒介與社會關係而言,但它所表現出來的摒棄"中心論"的思想原則,以及超

---

5 參見〔美〕喬治·瑞澤爾著、謝中立等譯,《後現代社會理論》(北京:華夏出版社,2003),頁 289。
6 王諾,〈"生態整體主義"辯〉,《讀書》第 2 期(2004 年 2 月),頁 54。

越某一個體局部進而站在整個生態系統的高度考察問題，把生態系統的整體利益放在首位並以生態系統的平衡、穩定、和諧、完整、持續來約束自己的思維方式，卻是有益於厘定媒介與社會關係的思考的。"人類數千年來所犯的最致命的錯誤，就是以自己為中心，以自己的利益（而且主要是眼前利益）為尺度，沒有清楚而深刻地認識到與人類的長久存在密切相關的生態系統的整體利益和整體價值。"[7]

這樣看來，媒介中心論盲目把傳播媒介的功能推向極端，甚至以為可以凌駕於整個社會之上，宰製世界，忽視社會的多元性和人的能動性，無疑是犯了類似《真人活劇》中野心昭著的"全像媒體公司"的錯誤。而"社會中心論"一說，則完全無視個體與整體的相互矛盾和相互依賴，輕視傳媒作為現代社會中獨立力量的一枝，對社會成員的價值觀念、意識形態和生活方式等產生的巨大影響，仍然是一種缺乏生態整體觀的話語擴張。

因此，媒介或社會誰是"中心"的問題，本質上不是一個悖論性問題，也不是單憑抽象思辯和邏輯推導就能作出正確判斷的問題，它必須考慮什麼時候更多地關注媒介和什麼時候更多地關注社會其他問題。生態整體主義觀念認為，當我們提出一種觀點，就應該充分考慮它所產生的時空條件和所適應的階段。

正如人們所看到的，人類歷史正在步入大眾傳媒社會和全球化傳播時代。大眾媒介正以驚人的速率廣泛介入社會各個領域，並與之發生強烈互動，形成越來越強大的滲透力和影響力。在此過程中，大眾傳媒的意義並不全是正面的，它猶如一柄雙刃劍，可以優化社會肌體，也可以破壞社會秩序；人們一方面肯定媒介

---

7 王諾，〈"生態整體主義"辯〉，《讀書》第 2 期（2004 年 2 月），頁 55。

的積極作用，同時也對其負面影響深感憂慮。

　　我們認為，如何正確、合理和科學地使用大眾媒介，必須走出“媒介中心論”的狹隘觀念，而應著眼於“媒介 —— 社會”的間性關係，找到有利於人類發展和進步的價值觀。在現實中，近年來全球範圍內的戰爭此起彼伏，深刻地影響著人們的生活，一些大陸學者便充分運用實證的內容分析方法，將目光投向戰爭與傳播關係的研究。他們通過對《人民日報》在報導 2003 年 3 月爆發的美伊戰爭過程中所採用的新聞框架的解構，對中國三家日報關於美伊戰爭報導的進行新聞框架的分析，以及運用議程設置理論透視一戰、二戰、海灣戰爭、科索沃戰爭、阿富汗戰爭及伊拉克戰爭中的大眾傳媒等等，對戰爭報導中常讓傳播者困惑的自由與責任、職業道德問題進行深入剖析。[8]學者們在不同的研究中得出的相同結論是，在當今全球性的“恐怖主義”日益升級的背景下，在從因文明“衝突”而導致戰爭“暴力”的過程中，傳媒必須走出“傳播效果論”（“中心論”的一種表現）的怪圈，摒棄把戰爭當遊戲、把血腥場景當作“傳媒劇場”的觀賞模式，轉而在彌合裂痕、避免衝突、推進妥協、尋求和解方面，著眼於“人類整體利益”而有所作為。

　　相對於社會整體來說，媒介是一個要素，或者說兩者是系統與子系統的關係。因此，社會與媒介不是“井水不犯河水”的二元並行模式，而是一種“整體互動模式”。“整體互動模式要求大眾傳媒要自覺地和正確地將整體與局部、要素與系統、內在結構與外在關係等有機結合起來，不要忽視問題的任何一個方面。從而，在單純的傳播要素中看到全部因素，從研究局部的傳播行

8　參見葉瓊豐，《“傳播與社會秩序”國際學術研討會綜述》，www.mediachina.net。

為進而研究全部的傳播活動；或者在整體的全部關係中突出部分的要素，從研究整體活動的結構中分離、演繹出某一單純傳播行為的可能結果。"[9]所以，傳播生態觀就強調：傳播生態系統的平衡是推動社會文化進步的動力，反之，缺乏整體生態觀念，傳播生態就會處於失衡的危險邊緣。由此可見，良好的公共輿論與良性的傳播生態的相互作用，是保證社會和諧的重要前提。

在現代社會中，人們應該充分認識媒介生態系統的重要性。媒介是社會生態系統中最有能動性和破壞性、也是最容易造成生態危機的組成部分之一。生態整體主義社會觀，不僅強調生態系統的整體利益，還突出強調子系統的內部關係對於母系統的平衡穩定的重大作用，充分凸現出子系統內部關係的改善對於生態系統生死攸關的重大影響。這就從一個方面表明，當媒介這個子系統以自身獨特的方式和邏輯觀照、反映社會，以"社會公共感覺器官"呈現公眾意識的時候，它所擔負的社會責任是重大的。

不僅如此，媒介還能操控社會意識。在一個特定的社會內，如果媒介不能一致地反映社會的根本問題，思想的分裂會導致社會的分裂，國家的一致因素和社會秩序都會受到削弱。媒介具有征服人心的力量，是社會集體意識的重要"發源地"。人們依賴媒介，並呼應社會輿論，引起民眾的回應，迅速形成意見追隨的熱點，體現出由媒介理性向社會理性的轉化。正是基於媒介如此強大的社會功能，它自身的"正義性"、淨化力和社會理性，是否符合社會整體利益，就不再是"中心論"的視野了，而是是否具有整體主義觀念的大問題。

---

9 邵培仁，〈放寬傳播學研究的視野〉，袁軍等編《傳播學在中國 —— 傳播學者訪談》（北京：北京廣播學院出版社，2000），頁 75。

媒體全球化及其危機

　　近 20 年，人類正以越來越快的速度掀開歷史的新篇章。"後現代" ── 儘管是一個最吊詭的概念，卻像一部巨型"挖掘機"，以一種無法阻擋的力量，蠻橫地把農業文明和前工業文明創造的歷史遺存迅速犁為平地，又以一種人們所陌生的觀念和方式建造起"後現代"的文明。

　　隨著人類生活的社會化程度極大提高（所謂"地球村"便是這種情形的形象性的比喻），急遽變動的社會現實將呈"爆炸"態勢的巨量資訊一古腦兒地呈現在人們面前，越來越多的外來資訊就其性質而言已大大地超出了人們頭腦中"文化地圖"的有效定義範圍。這樣，正如一首流行歌曲所唱的："不是我不明白，這世界變得快" ── 人們似乎已經找不到回家的路了。打個比方，如果在一個我們十分熟悉的地域內，無論置身何處，我們都能清楚地知道自己的方位，並找到回家的路；然而，如果將我們拋到一個全然陌生之所，我們常常甚至連東西南北都會分辨不清了 ── 我們頭腦中的"地圖"失效了。

　　對於我們身處的時代，已有許多解讀性概念，如全球化、網路時代、資訊社會、後工業文明等等。與此同時，也出現了大量闡述新社會形態的各種理論。目前，社會科學正面臨更新，各種闡釋性範型的轉移仍在進行。面對方興未艾的觀念變革，在諸多有益於認識當下社會本質的思想家中，美國著名社會學家曼紐爾·卡斯特（Manuel Castells）堪稱是當今世界在全球化、資訊化和都市化研究領域中最傑出的代表之一，尤其是他於 2000 年新修訂的三卷書《資訊時代：經濟、社會與文化》（包括《網路社會的興起》、《認同的力量》和《千年的終結》），可以說提供了迄今為止對這個所謂的全球資訊化資本主義所結構的網路社會，最全面、深刻的社會理論建構。

作為一個資訊時代的理論家，卡斯特一直試圖在理論研究上超越 "傳統" 的現代社會科學研究範式，以發掘新興社會秩序的完美形式和主題。在三部曲中，他依據韋伯的 "新教倫理與資本主義精神" 的分析框架，討論了資訊主義和資本主義精神的問題，建立了獨特的資訊資本主義理論。他還勾勒出一個邏輯線索，認為網路根植於資訊和資訊技術，而資訊和資訊技術衍生出資訊主義，資訊主義又使資本主義社會再結構化，從而形成資訊資本主義。而作為當代社會普遍範式的資訊主義，它至少既有五個方面的特徵：（1）資訊就是原料；（2）新技術無處不在；（3）任何使用這些新技術的系統或關係都具有網路化邏輯；（4）資訊主義範式以彈性為基礎；（5）特定技術將逐漸聚合為高度整合的系統。因此，卡斯特的資訊主義範式實際上就是全面性、複雜性、全球性、網路性等特性的融合體。由此他還作出預測，21 世紀就是一個由網路構建的具有全新意義的資訊社會，21 世紀的資本主義精神來自資訊技術和 "電腦空間"，其實際就是資訊資本主義。

正如蒸汽機標誌著進入了工業社會一樣，網路也正在催生一個嶄新的社會模式，型構出一種全新的社會型態 —— 網路社會。卡斯特認為，與傳統的工業化社會相比，網路社會的興起帶來了一場前所未有的變革，這種變革主要體現在：一是以新的資訊技術和基因工程為基礎的新技術範式的出現，並不斷地引發出一系列社會變革和創新，從而在總體上推動社會的整體發展；二是全球化借助網路而成爲一種現實的社會運動，並在全球網路的廣度、全球聯繫的強度、全球流動的速度和全球影響的深度等方面達到了難以預料的程度；三是互聯網將聯結個人與群體，並共用多媒體的超文本，而這種超文本構成了新文化的支柱，使其在享有意識形態和技術上自由的同時，得以跨越整個地球和整個人類歷史；四是政治、經濟、文化與資訊的全球網路，將造成民族國家社會的終結；五是科學知識的發展及其運用將使工業時代以來的文化和自然之間的關係不斷得到調整；六是網路社會的社會變革還超出了社會和技術生產關係的範圍，從而改變生產、經驗、權力與文化過程中的操作和結果。[1]

　　20 世紀 60 年代，加拿大大眾傳播哲學家麥克盧漢就敏銳地感到，電子媒介將日益成爲人類中樞神經系統的延伸，人類生活的空間正濃縮爲一個 "地球村"。幾乎與此同時， "全球化" —— 當時主要指的是全球經濟一體化，也逐漸加速成爲一個帶有主導性的進程。由於這個階段的開始，不少人甚至認爲，人類社會繼 "農業文明"、 "工業文明" 之後，已邁入一種新的文明，有人將此命名爲 "資訊文明"。

　　在卡斯特的理解中， "全球化" 的概念，意指我們生活在這樣的社會中：這一社會的主要功能是由全球的整體系統和在全球視野中作爲一個單元在某一時刻的運行來決定的，而通訊和交通技術，以及全球範圍內部關聯著的媒介、互聯網和其他電腦網路的建立，加上廣爲傳播的無線通信，構成了全球範圍裏互相依賴過程的物質支持。不難看出，傳播媒介在 "全球化" 過程中實際

---

1 文軍、劉珊，〈曼紐爾·卡斯特：手握虛擬世界的鑰匙〉，見《社會科學報》（上海）2004 年 2 月 5 日。

上是一個資訊中樞系統，擔負著特別重要的作用。關於 "全球化" 的特徵，卡斯特還從經驗層面入手進行分析：

　　—— 經濟全球化。經濟全球化涵蓋以下幾個方面：（1）、金融市場在全球範圍裏的互相依賴；（2）、生產、管理、商品及服務配置的國際化是緊緊圍繞著多國合作和他們的輔助網路而展開的；（3）、承此而來，貿易全球化是經濟增長的核心要素；（4）、科技、知識技能的國際化是主要槓桿；（5）、勞動力市場的國際化分割，一方面是精英人才需求型的全球勞動力市場的形成，一方面是各層次技術供應型市場的形成。

　　—— 媒體全球化。它是以全球和地區通訊互相依賴、互相交叉爲特徵的。全球媒體系統將處於全球化的核心地位。

　　—— 作爲全球性問題的環境管理是以由不可持續性發展對環境造成不可修復的損害爲標誌的。現代人應意識到，環境管理必須依靠全球範圍內長期溝通、共同採取措施，才能化解這一日益惡化的問題。

　　—— 人權的全球化。全球範圍內的社會公正問題，將浮出水面。

　　—— 共同面對全球安全問題，比如大規模殺傷性武器的擴散，全球性恐怖主義和在反恐幌子下的威嚇政治。

　　"全球化" 超越了以國界來界定的主權國家的版圖，在這種情形下，"全球化" 進程構築了全球政治新景象。在卡斯特眼裏，這些 "景象" 似乎並不令人樂觀，而是處處充滿了 "危機"，包括："國家管理機構的危機"、"效率危機"、"合法性危機"、"平等危機"，等等。[2]

2　參見〔美〕曼紐爾·卡斯特在 2004 年 11 月 26 日北京的演講、謝科文譯，〈全球化的特徵和危機〉，見《社會科學報》（上海）2004 年 12 月 2 日。

　　如果說卡斯特是從經驗層面上，對網路社會、媒體"全球化"等現象進行了描述和解讀，由此作出全面而深刻的社會理論建構，那麼西方一些持批判立場的"左派"和東方的人文知識份子則多從"反思"和"批判"的向度，對新媒介時代的全球化問題作出解釋。他們認為，由於媒體在全球化過程中處於核心地位，這不僅徹底改變了傳播形態學的面貌，而且全面更新了媒介地理學的版圖，而其最終意義是催生了一種前所未有、也多少是負面的"網路化生活"和"地球村文化"。其特徵主要表現為：

　　首先，是價值標準的一元化和生活方式的同質化。正如美國一位批評家指出："網際網路造就了一種新的生活方式，人們可以稱它為電子遊牧生活，同時它也是一種電子殖民主義"，"網際網路的力量最終表現在它讓整個世界都像北美人一樣去思考、去寫。"[3]東方學者還有自身的"憂慮"，認為伴隨媒體全球化在世界範圍內的迅速推進，至少會帶來兩個很大的問題，一是以西方價值為準的"一元化"趨勢，對世界的多樣性是很大的威脅。二是"後殖民主義"問題，涉及到發展中國家和不發達國家的主權和主體性。"在'全球化'趨勢下，國家日益成為一個'生存單位'，它的所作所為直接影響著國民的生存品質。"[4]

　　其次，是思維方式的標準化和個人體驗的普泛化。恰如 A. 吉登斯分析的：這個被現代傳媒"全球化"了的世界，同時又是一個在時間與空間上被重新組合、從而高度"抽象化"的世界。這個世界並沒有創造出"新的可供信任的秩序，反而是在'抽離化'的過程中導致了一系列危機的出現。"[5]這些"危機"的具體

---

3 王列、楊雪冬，《全球化與世界》（北京：中央編譯出版社，1998），頁 11-12。
4 李小江，〈全球化：性別與發展〉，《讀書》第 3 期（2005 年 3 月），頁 28。
5 〔英〕安東尼·吉登斯，《社會的構成》（北京：三聯書店，1998），頁 16。

表現是，個人體驗普泛化、個體行爲同一化、思維模式標準化乃至話語方式的規範化。此種情形，必然造成民族的、地域的、傳統的、私人的、情景性的東西的失落。

再次，媒體全球化的本質或者說它的驅動力，歸根結柢是經濟利益和商品消費。美國華盛頓政治傳播學教授蘭斯·班尼特在《新聞：政治的幻象》一書中，驚世駭俗地戳穿了媒體自由的神話，指出"言論自由並不能保證資訊暢通"、"媒體也並非民主的保障"。飛速發展的電腦與網路實際上是學術界、實驗室和市場的"傑作"。也就是說，電腦和網路主要是在學術界競爭空前激烈、實驗室經濟空前繁榮、市場需求特別旺盛的背景下誕生的。如果沒有學術界、實驗室和市場三者的有機互動、密切配合，就不會有今天的網路傳播的繁榮昌盛。表面上看，新媒介的發明和創造是出於交流的動機和傳播的需要，但實際上是出於商業的需求，是爲了滿足資本賺錢的欲望。在這個"虛擬的世界"裏，資本家賣出的不僅僅是汽車、冰箱、服裝、牛肉、可口可樂，他們還出售儲存在電子軟體上的各種"聲音"和"圖像"、"觀念"和"思想"、"情緒"和"想像"。資本不僅借助全球化網路，把"貨物"佔據你的房屋裏的環境空間，同時還以各種資訊佔領你大腦的想像空間，以及心靈與心靈的交流空間。至此，商品的消費已經成了整合社會與人心的惟一有效的方式。

政治媒體化：政治與
媒體的雙重邏輯

在現代文明社會，大眾媒介在整個社會政治生活中的地位越來越凸顯。傳媒不僅作為宣傳輿論工具被統治者牢牢地掌控，而且，隨著現代社會的民主進程，以及傳媒功能的日益彰顯，"政治媒體化"已逐漸普泛為一種時代特徵。可以說，不懂得傳媒，就難以把握現代政治的進程；不懂得傳媒，也無法領略現代政治的奧妙。可以說，"傳媒"與"政治"的結緣已繁衍出一個全新的政治運作空間。

一、"政治媒體化"理論概述

"政治媒體化"理論，是由美國學者 Timothy Cook 在《治理新聞：新聞媒體作為一種政治機構》[1]一書中正式提出的。作者 Timothy Cook 是 William 學院的政治學教授,他在研究了美國政治與新聞媒體的關係後，得出結論：在美國，作為一種客觀、中立的新聞界越來越成為一種理想，越來越遠離現實。新聞界遠沒有成為第四種權力，它僅僅是遊弋於政府三權中的一個政治機構，而不是獨立於政府之外的政治力量。政治變得越來越受媒體操縱，媒體也越來越演變為政壇高潮迭起的"鬥秀場"。Timothy

---

1 Timothy Cook（1998）：Governing the news: The news media as a political institution：University of Chivago Press.

Cook 進而把製造新聞與政治治理的不可分割性，稱之為"政治媒體化"。這個觀察角度，將有助於人們理解現代政治的特殊本質。

　　應該說，政治媒體化並非從今日始。歷史地看，當統治者認識到媒介在資訊傳播中的作用，政治力量便開始自覺或不自覺地利用和操縱媒介，為政治利益服務。但是，原始形態的政治與媒介結緣，由於媒介自身的不發達，以及人們對其屬性、功能的認識不清，這種政治媒體化運作還停留在較低層次上，譬如，在中國古代，某些政治勢力為獲取政治利益，故意以小道消息散播宮廷秘聞、內幕，以實現自己的私利，但這種口耳相傳的傳播方式，不僅容易造成以訛傳訛，而且稍不留神，還會引來殺身之禍。

　　隨著大眾媒介在 20 世紀上半葉的蓬勃發展，尤其是在兩次世界大戰中它扮演的角色所引起的震撼，至 30、40 年代，西方社會已普遍認識到大眾媒介蘊藏的巨大威力；不僅如此，隨著大眾傳播研究的興起，媒介的傳播特性、功能日漸明晰，由此在西方社會中，政治已逐步自覺地利用媒介，在政策的宣傳、群眾的發動、社會的整合、各種關係的協調、各種議題的討論等方面，都透過媒介的管道予以展開。至此，"政治媒體化"已上升為西方政治運作的基本特徵，並成為一種政治性謀略。自甘迺迪開始，歷任總統無不憑藉媒介、特別是電視展示自我形象，宣傳大政方針，以至有人戲稱美國總統為"電視總統"。

　　今天，人類已迅速進入了一個全球化的媒體社會中。所謂"媒體社會"，這裏有兩層含義：一是指我們的社會受媒體驅動，在媒體的強烈影響下運動、變化、發展；二是指媒體以它獨立的意志建構著一個社會，這個社會是與現實社會並行或交叉運動的，或者說，媒體社會是對現實社會的摹寫、變形、誇張和投射。身處 21 世紀的媒體社會中，由於大眾傳播無所不在，政治的傳播便不可避免地要通過媒體驅動。近 20 年來，政治媒體化進程日益加快，便是一個重要的跡象。對此，艾英戈、金德在《事關重要的新聞》一書中指出：

> "媒體政治"已經無所不在，不僅存在於美國，在其他國家也一樣，而相反，代表不同偏好的公眾組織所形成的傳統體制（比如說政黨和利益群體）則日漸式微。可以毫不誇張地說，使用 —— 甚至操縱 —— 大眾傳媒以促進政治目標的實現，不僅是標準的操作方式，而且已經成為一種生存的需要。[2]

從民主政治的角度看，大眾傳媒的新聞傳播確實至關重要，並已經成為現實民主政治能否順利實現的一個關鍵因素。時至今日，各種政治主張如果不通過媒體進行傳遞，其實已很難真正到達公眾那裏了。

由此不難看出，所謂政治媒體化，作為一種現象，它是政治發展的產物，並日漸凸現為當今媒體社會的具有普泛性的特徵，同時也展現了政治傳播的一種新的操作方式；作為一個觀察視角，它揭示了在媒體高度發達、政治走向民主化的今天，新聞傳媒與現代政治之間不可分割的關聯。總之，政治媒體化在政治邏輯與媒體邏輯的推動下，已經粉墨登場了。

二、政治媒體化：政治邏輯下的媒體

亞里斯多德有言：人本性上是一種政治的動物。對政治資訊的接受和分享，其實是社會正常人的經常性活動，因此，作為傳播仲介的媒體親睞政治內容，自然容易理解；而媒體的發展也為政治力量提供了新的手段和管道，傳統的紙質媒體和視聽媒體自

2　〔美〕艾英戈、金德著、劉海龍譯，《事關重要的新聞》（北京：新華出版社，2004），頁 2。

不待言，如今網路新媒體也有了用武之地，也就是說，政治對社會的影響也須與離不開傳播媒介。同時，大眾傳媒作為一個完整的組織機構，它當然擁有自身的目標和宗旨，並需要保持同社會主流價值觀相契合，不過，它同時還受其他組織，特別是處於社會領導地位的政治組織的影響和控制。政治與傳媒客觀存在的相互需要，以及兩者之間的不平等地位，決定了政治媒體化進程中"和諧"與"衝突"兩面並存的局面。

在現代社會中，政治媒體化的進程，可以被看作是政治與媒體達成的新的契約，一場聯姻的開始。這種關係中，按照邵培仁先生的觀點，政治資訊傳播中的大眾傳媒扮演的是傳播者、解釋者和仲介者，政治力量扮演的是決策者、領導者和把關人，二者的共同指向便是受眾或公眾[3]。進一步分析，政治媒體化從政治邏輯角度而言，可以從兩個層面予以認知：

（一）作為宣傳工具的傳媒

從傳播學理角度看，宣傳並不是新聞的基本屬性，但卻是媒體被賦予的重要使命。這可以看作是政治與媒體聯姻後，媒介權力與政治權力的"家庭紛爭"中開始潰敗的第一個徵兆。所以，媒體要保持獨立、自由的清白之身，而不為統治者進行輿論宣傳，從來被認為是一種理想主義。

在我看來，在所有關於"宣傳"定義中，最早由美國政治學家、傳播學者哈樂德·D·拉斯韋爾提出的概念最接近其本義。他認為：所謂宣傳，是運用各種語言、符號等種種表意工具，以控制和影響多數人的思想和感覺，從而達到一定目的之一種的企圖。完整意義上的宣傳，由宣傳者、宣傳物件、宣傳內容、宣傳

---

3 邵培仁，《政治傳播學》（南京：江蘇人民出版社，1990），頁23。

方式等因素組成。

　　"宣傳"這一古老的社會現象，直到今天的互聯網時代依然散發著巨大的魅力。即便在西方政治體制中，各種政治利益集團無不以傳媒爲工具，廣泛開展各種宣傳，以灌輸權威意識形態，左右人們的思想和行動，影響社會的發展方向。當然由於時代的發展，今天的公眾對於具有明確宣傳意向的內容可能會產生抵觸情緒，因此現代媒體的宣傳必須按自己的邏輯、按自己的"密碼"解釋社會、分析社會，從而曲折地滲透宣傳性內容。

　　宣傳要取得實際效果，往往需要交替使用各種媒體表達方式。譬如，可以使用口頭語言、文字、聲音和圖像等，也可以利用新聞報導、人物訪談、文藝演出直播等，宣傳主體也有多樣性，如政黨、國家、團體、宗教和企業等。傳媒的多側面、多層次的立體結構，強化了政治宣傳的效應，但其政治"作秀"的一面，往往會被置身者所忽略。例如，2004 年 7 月 28 日，以色列總理沙龍的政治表演吸引了全世界的眼球。當天，有 200 名法國猶太人響應沙龍的號召棄法（法國）抵以（以色列），成爲新一批猶太移民。沙龍親自前往特拉維夫機場舉行歡迎活動，以色列和美國媒體進行大肆渲染。這樣的舉動，再加上沙龍所宣揚的"歡迎所有猶太人回歸祖國懷抱"的言辭，無疑將有助於抬高這位"鐵血"總理在以色列國內的威望。但是此舉將對本來就複雜難解的中東局勢產生何種影響，卻反而被人所遺忘了。

（二）政治控制下的傳媒

　　大眾傳媒對政治活動的介入以及它對政治發展的潛在影響，幾乎先天地決定了政治權力必然對它施加影響和控制。儘管西方發達國家特別標榜新聞自由，但實際上，傳媒從沒有毫無限制的自由，"總是帶有它所屬的社會和政治結構的形式和色彩"[4]，而那種"政治結構形式"即政治邏輯和政治體制，往往會對傳媒的發展起著決定性的作用。

從目前看，世界各國從政治上制約或限制傳媒的方式和手段，主要體現在三個方面：

首先，利用法律進行約束。即國家制訂或認可用以協調大眾傳媒與社會各系統關係的法律規定，並以國家強制力和媒介自律相結合為保證，實施用立法手段管理和約束作為社會獨立力量的新聞媒體。當西方主流政治力量掌握了立法和司法權力之後，政治力量已摒棄了資本主義早期對傳媒的專制控制方式，個人色彩相對減弱，也不再直接以行政手段硬性干預新聞傳媒的自由，而是通過法律手段（"追懲制"）規範大眾傳媒的權利和義務，使之服從和服務於統治秩序的需要。

其次，通過政府機構轄制。就是以國家統治者的意志和權威或以國家執政黨的權力意志和政黨利益，對大眾傳媒進行控制，實行嚴格的特許制和新聞審查制度。在西方，大部分傳媒機構並不隸屬於政府，主要由私人和財團投資興辦，其控制權掌握在私人機構手中，但政府機構可以通過規劃、技術部門和媒介管理部門的"軟手段"，對大眾傳媒進行制約和調控，如決策傳播業發展規劃、提供技術支援、基礎設施改善、遠端傳輸光纜提供、衛星技術支持，以及對傳媒的傳播活動進行管理，對傳媒內容進行監督和審查，控制消息發佈源等等。以美國為例，其大眾傳媒號稱民眾的"看門狗"和政府的反對派，而且有較多的批評政府的自由，但正如赫伯特·阿特休爾在《權力的媒介》一書中指出的

---

4 〔美〕F·賽伯特等，《報刊的四種理論》（北京：新華出版社，1980），頁 1。

那樣：

> 新聞媒介看起來確實獨立自主，看起來確實在向權勢們挑
> 戰 —— 儼然成為政府第四大部門。然而，只要進一步深入調
> 查，顯然就會看到這種關於新聞媒介權力的信念，只是那些拿
> 它追逐自身目的者手中龐大的武器而已。政府和政治經濟權貴
> 們操縱報紙的事實貫穿於整個歷史。[5]

因此，傳媒所擁有的"新聞自由"，雖然也發表揭露和批評政界和企業財團的內容，但總體上說不可能超越政治力量規定的範圍，更不會動搖美國社會的根基。許多時候，在決定哪些是新聞、哪些新聞能夠報導、哪些新聞不能夠報導等方面，裁定權仍然在政府手中，如兩次海灣戰爭中，都出現了軍方和政府機構限制傳媒報導活動的情形。

再次，政治派別和利益集團牽制大眾傳媒。新聞傳媒與壟斷集團、政治勢力的關係上，從來面臨巨大的壓力，從經濟利益角度考慮，傳媒很難堅持獨立的政治立場，因為對他們來說，獨立的政治立場並無任何好處，特別重要的是，若是堅持獨立的政策，便不會從位居政治支配地位的勢力那裏，得到某些商業利益的照顧。美國批判學派的先驅赫伯特·I·席勒在《思想管理者》一書中揭穿了這個秘密：美國媒介受到的是雙重束縛，一方面要受到來自大廣告商和大公司在經濟上的控制，另一方面還要受到政府在政治上的嚴格管理，而且，美國政府和大公司在根本利益上是一致的。因此，美國媒介只不過是包括財富五百強在內的跨國大公司用以出售其產品、服務和觀點的工具，是美國政府用以維護社會規範、社會制度、社會秩序以及推行全球霸權的工具。他進

---

5 〔美〕赫伯特·阿特休爾，《權力的媒介》（北京：華夏出版社，1989），頁 165。

而認為，在當今資本主義社會，新聞媒介都是掌握政治和經濟權力者的代言人，新聞媒介的內容往往反映那些給新聞媒介提供資金者的利益。[6]

在這種政治邏輯下，傳媒的所謂客觀性、獨立和自由、媒介權力的實質等，都是值得懷疑的。從本質上說，西方傳媒也不過是戴著政治鐐銬的"舞者"。

三、媒體政治化：媒體邏輯中的政治

17 世紀一位自然科學家說過，要想控制自然，首先必須服從自然。從這句話中，一些政治家也獲得了自己的感悟：要想控制媒體，就必須首先服從媒體的遊戲規則。特別是在當今民主社會，媒體為政治活動提供了表演場地和舞臺，民眾往往通過媒體瞭解政治、參與政治，這種景況徹底改變了傳統政治的面目。誠如美國總統競選運動編年史專家希歐多爾·懷特所言：電視是政治進程，電視是政治的比賽場地；今天，行動是在演播室裏，而不是在密室裏。

在西方媒體發達的社會中，那些熟知現代媒體規則的政治家，總是擅長於利用媒體把自己的"所為"和"所不為"進行傳播，在社會中產生他們所期待的影響。一般來說，西方政治的媒體化運作都按照媒體的邏輯展開，並且已經形成了政治媒體化的一整套操作方式：

首先，利用媒體作為社會的"鏡子"和論壇的功能，發現社會問題並使之公開化，並在論壇中使各方利益群體的意見得到均衡展現，觀點得到碰撞，並最終形成統一意見，推進社會的凝聚、

6 黃順銘、譚舒，〈一個歷史的維度 —— 美國媒介批評著作概況〉，《湖北社會科學》第 10 期（2001 年 10 月），頁 33-34。

整合的過程。在當今世界的政治家如布希、布雷爾等人周圍，總是聚集著一批"謀士"。以前政治家的謀士多由知識份子、理論家擔任，幫助其宣傳黨的綱領，而現在的謀士大多是一些媒體專家，通常的做法是設計或渲染一些新聞事件，使政治人物能夠盡可能頻繁、盡可能光彩地進入媒體，與公眾對話、表達主張等。其積極的方面是，通過現代化媒體的有效傳播，把社會問題、社會情緒及時、迅速地傳遞到政治之中；同樣，政治的目標和資訊也可以通過媒體迅速傳播到社會中去。這種方式，已經成為現代政治對社會發展進行調控的重要手段。在這個各種意見的集散地，不同的政治觀點、政治立場、政治資訊可以相互進行傳遞，使人們可以在相互比較中進行權衡、爭論、取捨。這其實就是一種政治宣傳，是橫向意義上的互動式宣傳。

其次，尊重媒體的相對獨立性原則，按照媒體的新聞價值觀和行為邏輯，製造事件或事實。傳媒有其特殊的社會使命，必須按照自身的法則工作，這是媒體保持獨立性和"體面"的基本前提。任何媒體，記者總是按照自己的新聞價值觀，即是否構成新聞的視角出發，觀察、解釋和分析社會。正是由於媒體必須依託新聞事件的特性，政治人物要想成為媒體的寵兒，假若只靠思想、觀點和講話，而沒有吸引人的事件，是難以吸引社會關注的。所以西方的媒體專家總會想方設法為政治家製造事件，惟有如此，有關的政治思想、觀點才能符合媒體傳播的要求，進而吸引社會公眾的眼球。

再次，按照媒體的選擇性原則，用媒介的尺度和公眾的趣味審視自身，從而引起公眾對政治主張和政黨的關注。我們知道，媒體的交流總是有選擇性的。在媒體的尺度中，認為新奇、衝突和不幸等等，是容易構成公眾關注的興奮點，因此媒體中的政治資訊也需要根據這個原則進行重新包裝。其結果是，媒體所報導的事件在性質、程度和影響等方面，與現實社會中的實際情況往往存在很大的距離，人們通過媒體所看到的世界，很有可能是一個 "假像" 或誇張的 "鏡像"。比如，2004 年 7 月 28 日，美國的觀眾通過 CNN 等媒體又真切地見識了一場 "高水準" 的 "政壇秀" 大戰：按照美國大選的程式，驢、象兩黨全國大會的舉行，將正式拉開兩黨總統候選人的競選大幕。搶先一步召開的民主黨全國大會，將人們耳熟能詳的克里與他的搭檔愛德華茲隆重推出，使之在一種狂熱的喝彩聲中粉墨登場。在四天的會期中間，愛德華茲與克里先後發表了充滿鼓惑與激情的演講，向謀求連任的共和黨人布希、切尼發出言辭犀利的 "宣戰檄文"，除了克里與愛德華茲，美國民主黨的頭面人物，如前總統卡特、克林頓夫婦、前副總統戈爾等也輪番上臺，竭力向美國公眾推崇克里的勇氣和智慧，把他描述成 "一個能解決美國今天面臨所有問題的萬能鑰匙"。克里真有如此能耐嗎？明眼人都明白：這無非是媒體與政治聯手舉辦的 "假面舞會" 而已。

還有一點也不可忽視，媒體，特別是電視傳媒是以形象吸引人、召喚人的，基於對媒體與政治的辯證關係考慮，西方政黨認為，一位領袖不僅要懂得黨綱，更應當懂得媒體之道，即必須以良好的媒體形象出現。例如 1992 年的美國大選，當時的一份民意調查表明，克林頓那充滿激情的 "帥哥" 形象，一開始就把老成持重的老布希比下去了。許多選民特別是年輕選民認為，他們的國家更需要的是朝氣而不是經驗。緋聞不斷的克林頓，彷彿真成了美國人 "朝氣" 的象徵。在這種觀念支配下，美國政治家都清楚，如果政治意識形態與媒體形象出現矛盾時，他們更願意這種矛盾發生在自己與政黨之間，而不願意發生在自己與媒體之間。

因為這些政黨的領導人清楚地知道，如果他們能夠在媒體中很好地表現，並獲得更多地支援，黨的組織最後也會給他以同樣的支持，儘管他在媒體中所說的和所做的也許與政黨機構作出的決定截然不同。"這其實是媒體邏輯打敗了政黨邏輯。政黨跟著政黨領袖走，政黨領袖跟著媒體走。"[7]

現代社會總的趨勢是大眾傳媒在國家政治生活中地位越來越高，似乎真已實質地成為"第四種權力"。媒體在選舉中甚至替代了政黨操縱整個過程，格外引起人們的關注。因此，現代傳媒在政治生活中的作用，或者政治媒體化本身，都需要我們作出冷靜而客觀的評價：

1、一個合理運轉的社會，管道暢通的政治表達是社會民主的重要標誌。當今，隨著社會利益主體日益多元化，"多種聲音，一個世界"的政治秩序逐漸形成，而大眾傳媒以其無遠弗屆的傳播優勢，為社會公眾提供了最迅速、最廣泛的政治表達管道，這不僅可以反映民眾呼聲，還可以借助媒體空間創造出健康的輿論氛圍，為更合理的政治決策提供必要條件。

2、許多政治觀察家認為，西方的媒體政治看似民主，其實是破壞了民主。美國學者喬姆斯基就說過：西方政黨政治從本質上看，不是政黨的邏輯，也不是媒體的邏輯，而是資本的邏輯。所謂資本主義政黨民主，說到底無非就是若干個基本執行同樣親商業政策的政黨，就一些次要問題進行無關痛癢的爭論；只有商業利益不受侵害，民主才是被允許的。這種民主極大地損害了以公民為中心的政治文化。在大資本的操縱下，公民之間的聯繫被削弱了，而有效的民主卻需要這種聯繫。這一邏輯發展的必然結果

7　〔美〕湯瑪斯·邁爾等，〈關於媒體社會中政黨政治的對話〉，《當代世界與社會主義》第 4 期（2004 年 4 月），頁 5-17。

便是：以漠不關心和玩世不恭為標誌的非政治化公民越來越多，
而國家的政治生活留待職業政客去分肥了。

　　3、就政治媒體化的運作本身看，也是陷阱頗多，疑雲重重。
艾英戈和金德便指出，美國的媒體政治其表現是：第一，以國家
為中心，或者以總統為中心，而忽視其他社會群體的各種訴求；
第二，擺出權威者姿態，阻止民眾參與國家政治生活。媒體新聞
總在暗示人們，老百姓不懂政治，不必去嘗試；政治是為精英準
備的，也是關於精英的。從這個意義上說，媒體政治甚至是反民
主的；第三，美國媒體中的政治選舉越來越平凡瑣碎，記者報導
選舉就像報導賽馬，關注衝突和輸贏，而忽視候選人的政治主張；
第四，媒體已淪為政府和主流意識形態的速記員。為尋求官方消
息，媒體往往不願意惹麻煩，多數時候就是轉述政府的消息，其
結果是資訊路徑的偏見最終成為公眾的偏見。西方政治媒體化的
結果，似乎也越來越證實了這些問題。

娛樂節目與 "快樂" 哲學
—— 韓國電視娛樂節目的文化啓示

　　近幾年，與風靡一時的韓國影視劇一樣，韓國的電視娛樂節目也開始迅速在中國大陸 "全線走紅"。到目前爲止，大陸已有多家電視臺引進播出韓國的綜藝、娛樂類節目，如浙江電視臺民生休閒頻道引進了《情書》，其他幾個韓國娛樂性黃金節目，如《X-MAN》、《夜心萬萬》，也陸續登陸大陸多家電視媒體。這些節目，有些是在韓國一年前甚至更早就已經播放過的，播出的時候甚至連中文都沒有翻譯，但大陸觀眾還是樂此不疲，人們爲國內娛樂節目中少見的嬉笑怒罵、插科打諢、笑料迭出的現場效應所打動。

　　2007 年初，我有機會到韓國高校訪問、講學，親身感受到了娛樂性節目在此受追捧的狂熱。帶著諸多疑問，我與韓國的電視媒體、傳播與文化學者以及一些高校研究生進行了交流，試圖從他們的視角解讀娛樂節目在韓國文化生活中的意義，探討大眾文化在日益滲透公眾日常生活的強大背景下，我們該如何真正把握它的價值取向和審美趣味。我的看法是，電視娛樂節目在韓國大受歡迎，從多個側面展現了媒體與大眾互動過程中的文化邏輯，它對於我們釐定電視娛樂節目的意義坐標系統具有多方面的啓示。

一、“快樂至上”的價值取向

韓國自 20 世紀 80 年代以後，社會經濟高速發展，生活品質顯著提高，國民的文化素質也普遍得到提升。與此同時，伴隨工業化、現代化的進程，社會的都市化、物質的商品化與生活的時尚化迅即形成，今天的韓國已逐步進入了所謂“全球化”的歷史演變之中。

在文化層面上，那種與“全球化”相適應的多元文化景觀也已形成。儘管以儒家文化爲代表的主導文化仍然規約著韓國社會的主流觀念，型塑著人們的日常行爲，但受西方“後現代”文化的影響，當然也與他們自身的生活形態相適應，一種消費性、享受性的大眾文化開始獨立出來，並獲得了表達需要。在我看來，韓國影視業的崛起與其他娛樂性文化的迅猛發展，儘管與政府的政策鼓勵、經費資助有關，但更深層次的原因（或許還是更重要的原因），則是由於社會經濟發展到一定階段，人們已經在期盼與現代生活相適應的新型文化的誕生，在這個背景或邏輯下，大眾文化，也包括娛樂文化，便不再屈從於傳統“高雅文化”的表達方式，而在尋求隸屬於自身的書寫系統。

有關“大眾文化”的概念，從法蘭克福批判學派以來至少出現了不少於上百種解釋，而在大眾文化的傑出理論家傑姆遜看來，所謂大眾文化，“概言之就是後現代時期文化的另一種稱謂”，他斷言，“大眾文化屬於後現代世界的層面”，其特徵則爲“享樂主義”和“消費主義”的文化。[1]傑姆遜的觀點，指明了大眾文化與“後現代”社會之間的內在聯繫，解讀出大眾文化的

---

1 〔美〕弗·傑姆遜，《後現代主義與文化理論》（西安：陝西師範大學出版社，1986），頁 18。

意識形態，實質乃是傳播消費和快樂主義相結合的精神指向。至於韓國社會，如前所述，由於社會的迅速現代化，以及受西方文化特別是美國文化的深刻影響，具有“後現代”性質的社會特徵都已顯現，人們對於時尚的體驗、商品的消費、文化的享受，愈來愈表現出以“享樂主義”爲主導的價值取向，明顯反映出“大眾文化”的“眾人樂樂”的傾向。

　　作爲大眾文化重要的文本形式，電視娛樂性節目之所以受到歡迎，首先便緣於它與文化心理結構和社會價值觀念相熨貼，體現了大眾文化環境中媒介的“展示性”。在市場經濟成熟的社會中，公眾的文化消費行爲的內在驅動力，更多地緣於對“娛樂性”的追求，這已經成爲一種全球性的趨勢。與之有關，“娛樂文化”也不再屈從於主導文化和精英文化的“霸權”，有了獨立表達的訴求。於是，大眾傳媒在巨大商業利益的強力驅動下，高喊捍衛公眾權利的口號，積極從事娛樂文化的生產和傳播，並使之獨立城爲與高雅文化並行不悖的“大眾文化”的一支，粉墨登場。對此，傳播學者施拉姆在早前就指出這種時代進步的意義：“個人始終得到社會的認可、重視和強調，成爲文明世界的基本單位和推動者。”[2]

　　應當看到，當娛樂文化入主大眾傳媒，並產生強大的影響力時，它所創造的一種共用性的文化空間，便已形成。從正面看，以電視爲代表的娛樂文化的傳播對於節奏加快、壓力增大的現代人們，確實提供了一種有益的宣洩和滿足的管道，它豐富和改善了人的生存狀態，提高了人的生活品質。以韓國爲例，根據本人的觀察和與韓國學者的訪談中發現，娛樂文化其實並不像大陸學

2　〔美〕威爾伯・施拉姆，《報刊的四種理論》（北京：新華出版社，1980），頁26。

者所批評的那樣，被認爲是傳媒製造的“奇觀”或“僞文化”，而實際上卻是相當普泛化的日常生活形態，或者說“娛樂”本身，已經構成了一種韓國社會的“原生態”的生活，比如置身在韓國大學的校園中，你就能深切感到，娛樂，並不斷地製造娛樂，已經成爲大學生們集體性生活的一部分，他們在自己編排、表演的節目中，是那樣盡情地釋放自我，娛樂自己，也感染在場的每個人，直到所有的人被熾熱的溫度溶解。在他們身上，真正展現了大眾文化的力量。他們創造一切可能的快樂，根本不理會活動的儀式和意義，似乎只有娛樂本身，便是一切意義之所在。大學作爲反映韓國年輕一代生活的一個視窗，多少折射出整個社會的文化氛圍，因此對於媒體來說，也便不可避免地順從於資訊與娛樂的交匯合成，成爲社會的“快樂大本營”，無休止地進行著全社會的“歡樂總動員”。

二、以“娛樂”爲依歸的審美旨趣

打開韓國的電視，當晚間八點檔的新聞節目之後，接下來的娛樂節目和各種題材的影視劇，便幾乎佔據了所有頻道的“黃金時段”，時間大概要延續 4 個小時。這種節目安排饒有意味，即當人們從較爲“硬性”的新聞節目中獲知了一天內發生的國內外重要時事，再度從知性和理性的層面上，對這個世界的變動作出了意義解讀，那麼接下來，電視傳媒便應該爲普通家庭提供充分的娛樂享受時間了。如果說娛樂的本義就在於把人們從緊張的體力、精神透支狀態，以及煩瑣的日常生活中解脫出來，那麼電視傳媒分割出一定的時間段，讓人們在軟性的、生命“本我”部位上得到快樂的“撫摸”，似乎也不該被認爲是一種奢侈。

對於電視娛樂節目，大陸的一些專家學者時有詬病，認爲媒體中娛樂節目的風行，便必然抵消大眾傳播的 "勸世" 意義，甚至會降低社會道德的標準，我以爲這種觀點自有杞人憂天之嫌。其實，電視的娛樂性，首先不應致力於改變觀眾的判斷力，而是以相信觀眾的判斷力爲前提；其次，我們也不必把 "娛樂" 與 "墮落" 劃上等號，娛樂可以健康向上，也可以勸誡道德，我們不能用一種帶有 "文化歧視" （娛樂也是文化）的標準來偏面看待娛樂的價值。況且，傳媒是一個綜合性節目的集成，如果說新聞、評論和其他文化教育類節目應該更多地承擔 "文以載道" 的職責，使人在道德、觀念和知識的層面上獲得教益，那麼娛樂節目則像生活中的 "娛樂" 一樣，它主要是藉以放鬆身心、愉悅自我的文本形式，儘管它也可以做到 "寓教於樂"，但畢竟娛樂是第一位的 —— 或者借用 "皮之不存，毛將焉附" 這個成語，人們也可以追問：假若 "娛樂" 都不存在，"教" 又何以寄託？從韓國電視的節目分檔看，它們的節目生產倒是清晰地展現了傳媒的文化邏輯，也即：新聞節目應被賦予思想、道德和知識性的 "意義"，而娛樂節目則主要是爲提供享受和娛樂，換言之，在此類節目中，享受 "快樂" 便是它的本質意義 —— 反之，就是把娛樂節目混置爲新聞節目，反而喪失了娛樂的本來價值。

　　在韓國，除兩家政府直接投資經營的電視媒體外，其他的節目頻道大多隸屬私營媒體。"資本" 構成的性質，決定了它必然以追求收視率爲原則，以 "受眾" 爲本位。在這種媒體理念支配下，電視節目能否作用於人的興趣、感官和本能，提供受眾以消遣享受，自然顯得異常重要。正如一些批評家所指出的，在大眾文化長驅直入的今天，如果我們不把 "媒體變成好萊塢"，而仍把它看作是意識形態的圖解，或仍堅持尊奉傳統社會的價值原則和美學趣味，那麼興趣早已轉移的觀眾又怎麼能帶著一天的身心疲憊，還來坐在電視機前聽主持人喋喋不休的 "硬性" 說教？在西方，以及在韓國、日本等資本主義國家，大眾文化的實踐者和理論家早就認定：在一個 "神已滅亡" （death-of-God）的時代，並非只有理性才是人類的財富，並非欲望就是罪惡的代名詞；而一元的道德中心的狀態和以 "欲望" 爲恥的價值理想的核心，實際上它 "具備了超越性，卻沒有了現實性；使自己貴族化了，卻從此與大眾無緣；走向了神性，卻喪失了人性。"[3] 這種頗有 "後現代" 意味的關於大眾文化的正面敘述，決絕告別了僵硬的媒體文化特權，轉而與傳統文化不屑一顧的 "草根文化" 保持了內在的一致。

有人把傳媒以沉醉娛樂、尋求刺激爲表徵的傳播消費法則，概括爲 "快樂至上" 或 "快樂主義" 思想。[4] 無疑，信奉這一法則的大眾媒體必然會順從於人的本能、欲望，借人的快感滿足以實現商業資源的開發，這或許確實是一些堅持道德理想的人指責 "收視率是萬惡之源" （崔永元）的根由所在。但換一個角度看問題，在現代多元化的社會中，如果媒體仍自詡爲聖殿、教堂，堅守著用理性與道德去壓抑欲望，把享受快樂視爲罪孽，那麼對於絕大多數的 "大眾" 而言，喪失了 "情趣" 和 "意義" 的日常生活又如何忍受？在極端道德、宗教原旨主義的信仰中，物欲的氾濫曾經是一種罪惡，血肉之軀便不能步入上帝的天國，但進入現代文明社會後，"人" 的價值已被確證，欲望（所謂 "惡"）也不再是諱莫如深的話題，那麼媒體還有沒有那種高高在上的

3 〔美〕邁克・費瑟斯通，《消費文化與後現代主義》（上海：上海譯文出版社，2000），頁 45。

4 拾景炎，〈"快樂至上" 新聞思想的人文審視〉，《揚州大學學報》第 6 期（2003年 12 月），頁 78-82。

"文化特權"？在我看來，人的本性推動著人與社會的關係，它構成了價值意識的深刻基礎。薩特、邁農、費爾斯等也有過相似的論述，認爲價值是基於快樂的情感，是主體對客體的尋求，是需求的滿足，是個人的自由選擇和創造，等等。媒體文化、商業文化、消費文化，概言之大眾文化，其基本判斷和邏輯基礎就在這裏。

由此，大眾傳媒必將由高不可及的神壇，走向大眾化、生活化和世俗化。電視娛樂節目也在各種指責聲中，逐漸高揚起受眾至上、捍衛受眾權利的旗幟，開始與商業文化、消費文化合流，成爲世俗人文主義的消費場所。在這一進程中，它緊貼著社會趨於開放的文化心理結構，和不斷調適的價值觀念，並開始與傳統的文化價值的評判尺度拉開距離，逐步形成了以年輕觀眾爲主流人群、以商業消費爲顯著特徵的共用性文化空間。一旦劃定了自身的文化版圖，電視娛樂節目的製作包裝的理念就隨此呼之欲出。這裏，我們不妨透過韓國電視娛樂節目的視窗，來分析其共通的審美旨趣。

首先，娛樂性節目突出"娛樂"的本體價值，把能否引起觀眾快樂情感視爲第一目標。韓國有這樣一種說法，電視人是全體國民的工人，他的工作就是讓全體國民快樂起來。他們認定，在當今市場經濟的環境中，人們的興趣、觀點以及利益訴求各異，那麼剩下的最大共同點是什麼，答案便是：娛樂。對於這種見解，前蘇聯文藝理論家巴赫金也曾指出，藝術的很多東西其實就是爲滿足群眾的狂歡心理，電視娛樂無非就是借助傳播平臺，製造出滿足群眾"狂歡"心理的嘉年華。因此，娛樂節目的生產本身就是個契合現代人心理的文化創意，它滿足人類的好奇天性，讓人在一個不受特定道德規範約束的"虛置情景"下滿足自己的快樂心理。這種將“真實”與“表現”相結合的娛樂節目，近年來愈來愈成爲頗受觀眾歡迎的一種娛樂節目類型，如在韓國非常流行的韓劇肥皂劇，就是經過精心設計、組織、加工而炮製成的娛樂節目。

在與韓國人文學科部分研究生舉行的座談會上，年輕的學生們普遍認同，娛樂的本質就是讓人輕鬆快樂。每個人包括電視人，回到自己的家中其實都是觀眾，人們感同身受，那種清高嚴肅的娛樂節目是不會讓我們笑出聲來的，當然，低下粗俗的娛樂節目也不會讓我們輕鬆愉快。“電視娛樂需要考慮的是一個綜藝節目的內容娛樂，而不是首先考慮娛樂的意義。娛樂的方向可以選擇，但這些都必須以娛樂的形式展現。”[5]而在大陸，電視的娛樂性始終是一個充滿道德異數的問題，甚至在文化無意識裏，我們還在相當程度上把娛樂視爲“喪志”和“墮落”的開始，因而在人們享受娛樂的同時，時常會在內心拷問：這樣的娛樂其意義在哪里？這樣的娛樂對社會有沒有道德風險？這樣，在那種過分“意義化”的情感緊張狀態下，娛樂本身早已失去了趣味，娛樂節目更在多種意識形態的共同抑制下失去了“快樂”的本義。

其次，娛樂節目根據“日常定律”和“多數法則”還原出生活的原汁性和日常化，表現人們尋找快樂的本真意趣。博得里拉把大眾文化描述爲“超真實、類象和內爆”，莫利斯·迪克斯坦則把大眾文化的後現代轉型界定爲“從烏托邦式的宗教轉變成世俗人文主義”，兩種表達，都言明瞭當今社會正形成與過去時代不同甚至對立的價值標準，表現爲：意義評判已被真實體驗所取代，藝術想像已被儀式情景所替代。這種新的價值標準的確立，有它

---

5 2007 年 3 月 12 日下午，與蔚山大學人文學院 2005 級部分研究生座談紀要。

深刻的社會演變的內在邏輯，約翰·奈斯比克在《大趨勢》一書中，就把今天的資訊社會比作"高技術、高情感"的社會，認爲我們的社會高技術愈多，人們就愈期待高情感的環境。大眾文化正是順應了高技術社會中，人們試圖擺脫被拋置於"金屬的容器"的尷尬處境，期待重新找回人性感受的本真，於是在大眾文化的影像中，以及在直接產生廣泛的感官刺激與審美快感的消費場所中，那種能充分釋放情感、夢想和欲望的娛樂便大受歡迎。[6]

　　大眾傳媒向大多數人討好的本性，也不可避免地形成"媚俗"的美學。爲贏得最大多數人的注意，俗世日常的熱鬧、宣洩和各種活動儀式，都被賦予了美學意義，甚至上升爲傳媒文化的一種意識形態。在韓國娛樂節目中，這種觀念便有淋漓的展現，它的最普遍特點可以概括爲自然隨性，竭力在最大程度上還原真實。例如主持和嘉賓在電視裏，看上去像生活中一樣自然，他們不修飾、不驕矜，表現誠實，毫不矯揉造作。暫且不論這是不是完全真實，但至少看起來真實。對於電視來說，"看起來真實"是一種重要魅力，電視偶像的產生，本身就需要這種大眾媒體營造的真實感 —— 觀眾把角色和演員等同，相信演王子的人就是王子，於是偶像產生。而在娛樂節目中，韓國電視明星"逆向而行"，按"生活真實"的要求打破了在銀幕上呈現出來的藝術神秘感，把出現在觀眾視野裏的自己再度"生活化"，他們可以帥氣、可愛，也可以任性、小氣、傻頭傻腦，個性十足。觀眾看到的他似乎就是生活中的他，加深了心理上的親近感和認同感。

　　再次，與追求"經典"的傳統文本不同，娛樂節目側重在瞬間的場景裏"內爆"真實，由此也逐漸建立起一種區別於傳統美

---

6 姜華，《大眾文化理論的後現代轉向》（北京：人民出版社，2006），頁 238-239。

學範疇的“瞬間原則”。所謂“瞬間原則”，有三種含義，一是強調時間的壓縮，而不是延伸，借助儀式化的瞬間奪人眼球，使人在直接的情感體驗中感覺它，嗅到它，並經歷其中；二是在意義層面上消解“深度”，通過富有感官刺激的離奇和怪異，使之在“瞬間”中領略飽和的娛樂；三是凸現“當下”價值，不追求“永恆”性，甚至以為“永恆”本是虛妄，“經典”也經不起歲月的銷蝕，這種新的時間意識，顯然與後現代的價值觀念相一致。由於電視時空與生活時空的伴隨狀態，使得電視娛樂節目日漸成為人們生活流程中的一部分，構建了大眾娛樂的“天涯共此時”。

　　上述“瞬間原則”，對受眾的要求降到了最低點，所以有人說，娛樂節目其實更多地借助於受眾的感官，而不是以人的思維來傳播。對於娛樂節目所反映出的這一審美取向，本人與韓國高麗大學媒體學院的朴正勳教授作了探討，他的看法是，近年來娛樂節目所呈現的“瞬間原則”或“當下原則”，其實是與人們的生活形態密切相關的。“在傳統的生活形態，無論是知識份子或普通人，都生活在一種節奏較慢的環境中，人們有足夠的時間創造藝術品或欣賞藝術品，而在今天，社會的節奏加快了，許多變化都是在‘剎那間’便完成，因此現代人的時間概念，其實是大大精簡壓縮了；加上電視媒體的傳播特性，它總是在有限的、最短的時間內完成，追求‘經典’其實是一種奢望，況且‘經典’本身，也遭到了眾多質疑，比如有一種意見就認為，‘經典’只有在文化程度懸殊太大的情形下存在，而大學教育的普及已經填平了知識的鴻溝……因此在我看來，‘瞬間原則’可以認為是一種現代人的時間感，它對應著一系列美學範疇內的問題，但無疑，它以相信觀眾的判斷力和尊重觀眾的趣味爲前提。"[7] 他的觀點，實際上肯定了娛樂節目的"瞬間原則"自有其合理性，似乎有別于大陸學者的普遍看法，兩者的觀點分野，可能與兩國社會生活的差異和文化語境的不同有關。

三、在傳播中生產的文本形式

如果把一天的時間劃分爲工作、休閒和睡眠時間，那麼娛樂節目顯然屬於休閒時間。當我們判斷娛樂節目的價值時，也必須根據它作爲休閒方式、供人消遣娛樂的特性，才能作出恰當的評價。而對於商業媒體來說，如何通過晚間或週末播放的節目，發掘和製造"快樂"，最大程度地滿足觀眾的娛樂需求，便必然成爲它的首要問題。

霍爾曾提醒我們，大眾文化是"在傳播中生產的文本形式"[8]，對此，傳播媒體就作出了最好的詮釋：它將人們心中的"情感"、"欲望"等拿來，經過分類、加工、包裝後，重新出售，將文本敍事和傳播效應結合起來，使電視現場和觀眾欣賞達到了統一。以韓國目前的娛樂節目爲例，經過較長時間的摸索，目前他們的節目定位和分類已相當清晰、完備。一是遊戲類節目，如在大陸部分電視臺收視率很高的《情書》和《X-man》，及《校園突襲》、《女傑》、《Star golden bell》等。這些節目或表現個人魅力的爭相釋放，或展示明星們的醜態，或記錄成年人做兒時遊戲的過程，喚起電視機前觀眾的童真，營造輕鬆娛樂的氛圍；二是談話類節目，包括在韓國本土獲得很高人氣的《想像 plus》、《夜心

7　2007 年 3 月 25 日上午，與韓國高麗大學媒體學院的朴正勳教授訪談記錄。此爲根據訪談內容，請人做了中文翻譯。

8　參見羅鋼、劉象愚主編，《大眾文化讀本》(北京：中國社會科學出版社，2000)，頁 345。

萬萬》。其中《想像 PLUS》中的一個欄目 "老一輩和年輕一代"，旨在溝通兩代人的文化差異，這一節目的創意廣受好評，也因此獲得了 2006 年第 42 屆韓國百想藝術大賞最佳藝能類電視作品獎。此類談話節目一般與觀眾的互動性較強，通常利用網路設計等方式調動觀眾參與的積極性；三是生活類節目，如《萬元的幸福》、《明星隱藏攝像機》，內容以明星的日常生活為主，最大程度地開發明星的娛樂價值。《萬元的幸福》含有弘揚道德倫理的意義，參加節目的兩位明星用一萬元韓幣生活一個星期，最節省者即為勝利者，獎品是獲得一份父母外出旅遊的孝心觀光券；四是明星形象推廣的短期節目。這類節目如同速食，可以直接感受到明星產業和電視娛樂的相輔相成。韓國每年都會有大量新人湧現，他們迫切需要通過電視推廣形象，於是也就有了速食節目的成長環境。它完全靠明星的人氣支撐，例如組合 ss501 的《謝謝你叫醒我》、《謝謝你養育我》，組合 super junior 的《公主日記》、《full house》等等。五是歌舞類節目，韓國歌舞是他們流行文化的支柱之一，三大電視臺 KBS、SBS、MBC 都有自己的歌舞節目及年終的頒獎禮。[9]

　　上面的節目分析，使我們大致可以瞭解韓國娛樂節目的內容。但是，正如我們在前面分析的，娛樂節目其實是一種開放性的文本系統，這裏有兩層含義：一是節目文本面向現場的觀眾開放，特別重視臺上、台下互動的 "現場（劇場）效應"，事實上，如果沒有了現場觀眾的互動參與，娛樂節目也就失去了節目的完整性，很大程度上也就失敗了；二是電視文本面向場外的觀眾開放，強調把自然真實的現場，借助後期製作及各種傳播手段等軟

9 參見邢淵淵，〈電視娛樂的發展與批評〉，中國新聞研究中心網 2006 年 10 月 13 日。

硬體有機結合起來，真實體現電視時空與生活時空的緊密勾連。這個過程，在費斯克看來尤其重要，因爲"大衆文化的意義僅僅存在於它們的傳播過程中，而不是存在於其文本中；在這個過程中，這些文本需要將它們放在與其他文本和社會生活的關係中來理解，而不是通過它們自身來理解，因爲這確保了它們的傳播。"[10]基於這一原理，我們將結合韓國著名的電視娛樂節目，分析其是如何以"現場效應"爲中心，並實現從"現場文本"到"電視文本（傳播文本）"轉化的。

首先，娛樂節目以生活爲原版，撥動人的快樂神經。例如《x-man》是 04 年 SBS 台全新打造的遊戲娛樂節目，該節目的創作者刻意安排各種"幼稚"的遊戲，希望通過記錄成年人做兒時大家都做過的遊戲過程，營造輕鬆娛樂的氛圍，喚起電視機前觀衆的童真。在節目中，無論是讓這些二十幾歲甚至三十多歲的明星們撒嬌也好，還是鬧小脾氣也好，偷偷搞破壞也好，都是爲營造那種兒時的無憂無慮的快樂感受，從而讓觀衆找到"星期天真好"的感覺。製作這樣一種遊戲節目，記錄遊戲的過程並不是重點，重點是遊戲前的熱場，每次遊戲前，主持人都要花費心力，讓嘉賓儘量多地透露出個人資訊，製造笑料，在對人類私心小欲的細小情感變化中讓節目鮮活起來，同時也讓觀衆明朗起來："啊，原來生活這麼單純啊！"當觀衆有這種觀感時，娛樂節目也就成功了。

其次，還原明星的本色魅力，釋放明星的生活可愛。明星之爲明星，必有其過人之處，同時他（她）作爲普通人，也必有其平凡之處。韓國娛樂節目的製作人深知觀衆心理學，他們與我國

10　〔美〕約翰·費斯克，《理解大衆文化》（南京：南京大學出版社，2001），頁 4。

電視所走的“娛樂平民化”路線不同，而是充分挖掘明星的娛樂潛力，讓他們從“光環效應”中走向生活的鮮亮處，還原出他們日常的自然本色。其實，對於電視製作者來說，不論平民也好，藝人也好，重要的是哪個能出效果，哪個能做出精彩，這才是觀眾最關心的。比如娛樂節目《情書》，曾經是韓國最受歡迎的節目，它以“尋找愛情”為主題，以動作遊戲為主，不過，選手（嘉賓）都是在韓國具備一定知名度的藝人（該節目是韓國 SBS 電視臺製作的，因而出場的基本上都是該電視公司的簽約藝人）。該節目中，不管是展現體格，還是展示人格，只要魅力釋放的足夠充分，《情書》就一直有看點。該節目的另一特色是“八卦”意味夠濃，明星配對，本身就夠勁爆，再加上節目組的刻意製作，更是看點十足，這些優勢合理地轉化為節目的特色，是《情書》成功的原因。

再次，觀眾參與成為亮點，實現了娛樂空間的真正共用。或許是民族性格的原因，韓國觀眾對於娛樂節目的參與熱情，和配合現場的能力都非常明顯。他們樂意且善於呼應現場的進程，對嘉賓的即興表演和個性展現，會不時發出真誠的讚歎、認同和笑聲，有時還會配合音樂，情不自禁地跳起舞蹈，或發出有節奏的掌聲，而這些都是為節目所允許的，並且極有現場氣氛和效果。在整個娛樂的過程中，觀眾從不是旁觀者，而是積極參與者；他們傾聽，欣賞，體驗，甚至瘋狂地鼓勵嘉賓們各種怪異的表演，與之共同完成節目文本；他們完全投入、融合到現場情景之中，沒有他們，就不再有節目本身。或許，也正是這些現場觀眾的熱情參與，某種程度上便與電視機前的觀眾有了緊密聯繫。

還有一個要素，就是主持人。與大陸綜藝節目大多二、三個主持人平行站在一起，有人從頭到尾說，有人偶爾插個話，給人多餘的感覺不同，韓國電視的娛樂主持人"Show"的意味十分明顯。主持人不僅是現場的調動、串聯者，而且也是娛樂活動中的"活躍"角色。與我們認知主持人的標準似乎也不同，他們對主持人的音質、身材、相貌並不作為先決條件，而是更強調主持人的現場控制力和表現力，以及是否符合節目需要的風格定位。某種程度上講，主持人和演員一樣，需要的是一種"討人喜歡"的獨特天賦。他的發音可以不標準，但一定要有明確的主持人辨識度。韓國綜藝節目的一線主持人基本上都沒有出色的相貌，如獲得 SBS 年終大賞最佳綜藝節目的主持人姜虎東，本人是摔跤運動員出身，劉在碩、申政煥、李赫宰包括主持身價最高的申東葉都是貌不出眾；女主持人同樣也不重相貌，朴京林甚至連聲音都是沙啞的，但他們的共同特徵是機智靈活，即便不會十八般武藝，但也敢耍十八般武藝，自然灑脫而不嘩眾取寵。他們善於把握現場，調動嘉賓情緒，渲染熱烈氣氛。如果說節目是一個商品，主持人就是商品的包裝之一。他們沒有固定的模式，關鍵是看節目需要，如果節目要求選擇"美女"作為主持人，就必須用其特長，給她展現自身魅力的機會，而不是使之變成旁觀的"花瓶"，等等。

　　概而言之，娛樂節目作為當今大眾文化的文本形式，已經成為電視傳媒的支柱性內容。它的興盛，其實與當下的日常生活形態緊密關聯，也與"後現代"社會的文化範式的轉型有關。在一個價值多元的時代，人們對於娛樂文化在年輕一代中的流行，不能簡單地以一種偏狹的、預設的傳統價值標準加以評判，正如用大眾文化的價值標準也不足以對傳統經典文本作出正確評判一樣。社會仍處於演進之中，娛樂文化也處在自我型塑之時，我們不必妄加斷言，娛樂文化的眩目登場已經標明一種新的美學原則正在崛起，但可以說：一切都已開始，一切皆有可能。

輯二　傳媒的反思

大眾文化的定位地圖

　　當我們爲大眾媒介建立文化“地圖”時，首先應該界定“媒介文化”的概念。一種理解是指媒介傳播的文化，它包括主導（或權威）文化、精英文化和民間文化，這裏強調的是媒介的工具性質，或者說是著眼於“文化”即媒介傳播的“內容”，因此媒介與文化是一種“間性”關係；另一種理解特指因媒介而滋生的新型文化，即媒介的功能性文化，也就是人們通常指稱的“大眾文化”。在我看來，儘管以上兩種不同的理解由於媒介習性的影響，可以在寬泛的概念上作命題置換，但應該說還是有區別的。

　　媒介首先是傳播載體，主要功能是傳佈或傳承。它借助一系列有意義的符號，通過“編碼”／“解碼”過程，使社會文化資訊爲公眾所理解和接受。在過去，傳播文化的職責主要由家庭、學校承擔，而在現代社會中，這種傳播知識文化（如科學知識、文學藝術和價值觀念等）的職能，則在很大程度上爲大眾媒介所延續。當然，媒介並非像“鏡子”一樣被動反映物質或精神文化，而是通過媒介的“再建構”功能，刺激人們的“腦中圖景”，形成特定的文化記憶。比如，一個北京人，即使他從沒到過上海，但通過種種媒介管道，對上海也會構成特定的文化想像：外灘、南京路、大世界、老城隍廟、上海人印象等等。這裏，媒介與文化的關係，是通過喚起人的記憶和想像實現的，而且人們往往因主體的自覺，會以“真實”的標準作出評判。

　　但正如麥克盧漢所說："媒介即訊息"。媒介不僅傳播文化，還以"光影"創造屬於自身的文化，並使自身也成爲文化。這種新型文化彌合了"媒介"與"文化"的間性關係，使人感到"媒介即訊息"、"媒介即文化"的效果。這主要是指媒介所延伸出的功能性文化 —— 大眾文化。在現代社會中，由於媒介的不斷"培育"和"涵化"，已基本填平了人們歷史記憶中的"現實"與"表現"的鴻溝，"大眾文化"已逐漸成爲各種文化的複合體，並且延伸出諸多新的文化形態，獲得了自身的特徵。正是在這個意義上，一般認爲，儘管媒介文化研究不能簡單地等同于大眾文化研究，但鑒於大眾文化構成了媒介文化研究所關注的中心，如果撇開了大眾文化，無疑就如同上演《哈姆雷特》卻缺少了劇中的王子。

　　早期的"大眾文化"是伴隨資本主義的工業化進程而出現的。在工業化社會中，機器生產需要大量勞動力，於是人們開始向"都市"中心聚集，人類的生產和生活中心由亙古的"鄉村"轉向現代的"都市"。據一些學者考察，于 19 世紀末、20 世紀初，一個有著特殊意味的社會群體 —— 大眾，就在"都市"的溫床上誕生了。關於"大眾"，英語中叫 mass，它的含義更接近於一個聚合體，並不是一個組織嚴密的社會團體，所以有"烏合之眾"的貶義。我國學者陳鋼在《大眾文化與當代烏托邦》一書中，把大眾的特點描述爲：流動性、龐雜性、冷漠性以及較爲普遍的識字率，並認爲以上特點是工業化社會帶來的必然結果。由於大眾具有的"龐雜性"，決定了"大眾是平均的和無個性的……所以大眾文化不是面向個人的，而是面向類型化的大眾"；現代大眾所擁有的較爲普遍的識字能力，又需要能夠滿足其口味的文化形式脫穎而出。這樣，一種新穎文化即大眾文化，以不同於個性化、獨創性、審美性的精英文化的特徵，逐漸成爲資本主義世界中的主流文化。

自新興的電子媒介誕生之日起，由於媒體的商業屬性和大眾潛在的文化需求，傳媒一開始就與大眾文化聯姻了。事實上，通俗文化的傳播與流行，幾乎全部憑藉大眾媒介，所以美國學者斯坦·威爾遜認爲，在現代社會中“大眾文化”與“媒介文化”幾乎同義，它是面向大眾的、人與人之間傳播的文化，包括報刊、影視、網路等媒體傳播的文化和各種消費文化。

但在歷史的境遇中，大眾文化從一開始就似乎是一個四面不討好的靶的：它爲舊式的民主派不容，因爲它鵲巢鳩佔，搶奪了“民間文化”的領地，而民間文化是在人民群眾之中自生自發的，與自上而下、庸俗低劣的大眾文化不可同日而語；它爲保守派和傳統派所厭惡，因爲它衝擊了“高雅”的藝術和“高雅文化”。它同樣不討左派批評家的歡心，因爲它是資本主義罪惡機器的幫兇，是麻痺大眾、消磨大眾意志的毒品，使大眾無法清醒認識到自己在資本主義社會中的真實處境。進而視之，大眾文化還是“大眾社會”（mass society）的必然產物。後者作爲工業化的結果，被認爲是抹殺個性，推廣平庸，導致趣味、習慣、觀念甚至行爲千篇一律，個人的差異、社會階級的差異，大有給一筆勾銷的趨勢。[1]

與此相反的是“真正的”文化。“真正的”文化是一塊烏托邦的天地，引導人們超越現實的禁錮，嚮往比現實更美好的世界。“真正的”文化既是批判性的，又是嚮往性的，而大眾文化在這兩個功能向度上，都不具備這些品格。更爲可悲的是，大眾文化

---

1 陸揚，《大眾文化研究》（上海：上海三聯出版社，2001），頁 2。

對"真正的"文化還具有腐蝕力，因爲一個顯見的事實是，"真正的"文化即高雅文化，在消費市場上被大眾文化擠壓得差不多了。法蘭克福學派對大眾文化的批判，正是奠基在這一認識上的。

在英文中，大眾文化這個名詞本來有 popular culture 或 Mass culture 兩種拼寫法，但後者由於上述分析的原因，被強加了太多的貶義，於是 popular culture（可譯爲通俗文化或流行文化）逐漸開始替代早期的 Mass culture 這個概念。特別是到了理查·霍加特和雷蒙·威廉斯手裏，他們從大眾文化研究的"文化主義"視角出發，開始"正面敍述"大眾文化。他們認爲，以法蘭克福學派爲代表的負面分析，對大眾文化充滿了"貴族知識份子"的偏見，而文化並不是少數人（精英們）的專利，更不能忽略制度、風俗、習慣等等在文化傳承中的舉足輕重的影響而獨尊"文學"爲救世主。因此，威廉斯垂青的"文化"定義是，文化即一個民族的全部生活方式，當然它也包括屬於大眾的生活和文化。

至此，"大眾文化"的版圖擴大了，視域開闊了，但其內涵、定義卻也因此變得難以捉摸。人們有理由進一步追問，那麼究竟什麼是大眾文化？英語中文化的定義有 260 多種，據說是英語辭彙中意義最豐富的二、三個詞之一。大眾文化雖多了"大眾"的限定，其含義仍然多得驚人。[2]這裏，我們不妨列舉其中最有代表性的定義：

定義一，廣受歡迎或者眾人喜好的文化。威廉姆斯在《關鍵

2　西方馬克思主義法蘭克福學派本雅明、霍克海默、阿多諾等理論家都曾對大眾流行文化定過義；英國新馬克思主義伯明罕學派霍加特、威廉姆斯、霍爾、湯普森從張揚大眾文化起義，成爲當代大眾文化研究的奠基人；英美理論家傑姆遜、費斯克以及法國學者布林迪厄、鮑德里亞爾等也對當代大眾流行文化說了不少觀點不同、意義卻都十分深刻的話，還有一大批媒介通俗流行文化理論家批評家，他們的理解與思考構成了當代大眾文化研究的"另類"。

字》一書中曾界定過大眾文化的四種含義，其中第一種就是"眾人喜好的文化"。顯然，在他的理解中，大眾文化與其受歡迎的程度相關，有一定的量的指標。

定義二，一切來自廣場而非廟堂的民間文化，威廉姆斯稱之為"不登大雅之堂的文化"。這個理解，獲益於前蘇聯文藝理論家巴赫金的平民主義"狂歡"理論，他指出，藝術的很多東西，說到底就是為滿足群眾的狂歡心理，因此，文學藝術的生產就必須投合廣場狂歡的特點，讓人在一種不受特定道德規範約束的"虛置情景"下滿足自己的快樂心理。

定義三，大眾文化是資產階級的國家意識形態，一種以標準化、陳腐老套、保守主義、虛偽、滿足浮華幻想的、受操縱的文化工業產品為標誌的文化。它致力於勞動階級的非政治化，維護社會的統治權威，製造大眾的虛假需求，是欺騙群眾的統治工具。法蘭克福學派阿多諾等人便持這種理論。

定義四，次標準文化或剩餘文化，即去除了高雅文化之後剩餘的那部分文化。這種觀點，以精英文化作為評判的標準，輕視或貶低大眾文化的獨特價值，後來也遭到了大眾文化的捍衛者們的強烈批評。

定義五，商業消費文化，即那種用於大量消費的、為商業目的"有意迎合大眾口味"而大批量生產的消費品，是"商人雇傭技術人員創造的"文化。大眾文化與商品消費有著無法也毋庸避諱的關係，這從肥皂劇賣肥皂，文化明星做廣告時就開始了。

定義六，美國通俗藝術的意識形態或美國文化的代名詞。歐洲人說大眾文化，通常是指"美國特有"的"不安分守己"的通俗文化，是從美國傳播到世界各地的文化。

定義七，葛蘭西創立的文化霸權或文化領導權的理論認為，大眾文化既不是"純真"的工人階級的文化，也不是資本主義文化工業強加而來的文化，而是這兩者的折中平衡，是來自上層和底層的各種力量的矛盾混合體，它既有商業色彩，又有"純真"標示。贊同這種"葛蘭西主義"霸權理論觀點的人，又進一步發展了他的觀點，將大眾文化視爲社會被統治群體的反抗力量與社會統治集團的"兼併"力量之間鬥爭的場所。這裏的大眾文化既不是自上而下的統治階級意識形態的強制文化，也不是與之對立的自發的自下而上的"人民"文化，而是兩者交戰的場所，是以反抗與兼併爲標誌的領域，是葛蘭西所稱的"折衷平衡"的內運動。

定義八，來自於人民的文化，是人民群眾積極創造的他們所需要的一種民間文化。費斯克等不同意以霍克海默和阿多諾爲代表的大眾文化觀，對他們先前的"否定論"文化批評重新進行了審視和批判。費斯克不完全同意法蘭克福學派把批判的矛頭指向文化工業對大眾意識的控制的觀點，不同意把大眾只看作被動受控的客體，而認爲大眾文化中也隱含著一種積極能動的自主性力量。他提出重新理解大眾文化，重新審視大眾傳媒，在某種程度上肯定了大眾文化的啓蒙性和獨創性。他還認爲，民間文化是從下面生長出來的，是人們自發的土生土長的表達，是根據自己的需要創造出來的，"幾乎沒有得到高雅文化的任何益處"。

定義九，伴隨著城市化、工業化的出現而產生的城市工業文化。威廉姆斯認爲，這是一個早在英國工業革命時期就已經進入了英國人思想的文化，因爲工業化和城市化的進程從根本上改變了與大眾文化有關的各種關係。

定義十，在後現代消弭了高雅文化和通俗文化差異之後所形成的當代文化形式。這是一種不再區分高雅與通俗差異的文化。原先意義上的精英文化將走向終結，代之而起的是經濟、政治、科技、商業與文化的全面滲透或互相交融。

　　定義十一，以當代電子高新科技爲傳播媒介的、在時間和事件上同步的、全球化的文化。傳統的神話已經遠去，今天的神話是以電子媒介傳播的大眾文化。[3]

　　……

　　上述定義，從不同角度探討了“大眾文化”的本質。但在我看來，我們今天所說的“大眾文化”其實是一個特定範疇，它主要是指興起於當代都市的、與文化工業密切相關的，以全球化的現代傳媒（特別是電子傳媒）爲介質大批量生產的當代文化形態，是處於消費時代的、由消費意識形態來籌畫、引導大眾的並採取時尚化運作方式的當代文化消費形態。它是當代大眾大規模地共同參與的當代社會文化公共空間或公共領域，是有史以來人類廣泛參與的、歷史上規模最大的文化事件。鑒於這樣的認識，我以爲西方一本辭典中提供的術語比較準確地描述了“大眾文化”的內容版圖：

　　　　20 世紀 50 年代，理查·霍加特和雷蒙·威廉斯等人將認真的文化分析和美學問題延伸到日常生活，研究普通民眾經驗的、形象的、風格化的和物質的反映，以及他們對自己真實的和想像中的從屬地位，作何反應。大眾文化至此以還，被認爲是積極的過程和實踐，以及物件和物品。它形形色色無所不有，包括郵購目錄、汽車和其他耐用消費品設計、衣著和食品風尚、足球賽、音像製品、耶誕節，如此等等。有人暗示，大眾文化具有顛覆，甚至顛倒既定霸權秩序的能力。[4]

3　摘引自文化研究網（http://www.culstudies.com）。
4　〔英〕伯爾洛克·特隆布萊，《新豐塔那現代思想辭典》（倫敦：倫敦出版社，1999），頁 666。

　　由上述概念梳理，我們便不難理解大眾文化的基本特點：一是消費性，即市場需要已成爲大眾文化的唯一準則和終極目的；二是標準化，文化工業通過大量複製以爭取最大的市場佔有率，導致大眾文化的趨同化；三是通俗化，大眾文化的傳播內容面向大眾，雅俗共賞，因此必然以優雅通俗的面目出現。這種通俗化與一般的民間文化不同，確切地說，大眾文化具有"媚俗性"，而民間文化則是自然清新的。

　　還需要釐定的是，儘管"大眾文化"與"民間文化"在理解上有諸多交叉疊合之處，但嚴格地說，兩者是完全不同的範疇。麥克唐納曾劃分過這兩個概念，認爲民間文化發端於下層，它是民眾自然而然的經驗表達，不受高雅文化的恩惠，是爲民眾自享、滿足自身需求的文化。大眾文化則是借助媒體傳播、爲商人雇傭的技師製作，它的觀眾是被動的消費者，其參與的程度被限制在"買"與"不買"的選擇上。進而視之，民間文化則是民眾自己的一個小小花園，四周圈有圍牆，與其主人高雅文化的富麗花園隔離開來。但是大眾文化打破了圍牆，將大眾統一到高雅文化的"低級形式"之間，如此納入政治統治的意識形態之中。

媒體消費主義的沉重 "肉身"

　　20 世紀 30 年代，法蘭克福學派創造了 "文化工業" 這個詞語，藉以指稱大規模文化生產的工業化過程，以及驅動這一過程的商業法則。本來， "文化" 與 "工業" 之間有著不可逾越的鴻溝，前者充滿生氣和想像，後者是冰冷而機械的，那麼兩者之間又如何挽手結盟？

　　對此，費斯克有個觀點，他認爲：文化本身就具有商品屬性，它不僅在市場經濟體制中流通，而且在與之平行的文化經濟體制中流通。前者流通的是金錢，後者流通的是意義和快樂。他還認爲，在一個大眾社會中，文化的物質和意義系統幾乎不可避免地由文化工業來生產， "但是，把這些物質與快感的交換，只能是由其消費者 —— 使用者而非生產者進行的過程。" [1]這樣，文化融合於經濟，經濟刺激工業，文化商品的價值功能和形象設計也就在市場策略中融爲一體了。

　　在迷亂的後現代性消費時尚中，大眾傳媒扮演了 "人間指南" 的意識形態角色。如果說，在印刷資本主義風靡之時，文化走出了貴族的城堡而進入到大眾生活，大眾文化作爲一種新型的權力話語進入到世界的邏輯中，並有效地消除了人與人之間、群體與群體之間的隔閡，從而使得文化傳播成爲一種世俗性的便捷

1　羅鋼、劉象愚，《文化研究讀本》（北京：中國社會科學出版社，2000），頁244。

方式，那麼，伴隨著電子音像、數碼複製等新傳媒方式的出現，一種新的大眾生活交流方式已然來臨，並由此開啓了媒體消費主義的時代。

人們注意到，在現代社會中，幾乎是全球性地出現了 "傳媒拜物教" 和 "消費拜物教"。萊斯理·斯克雷爾（Leslie Sklair）在〈文化帝國注意與第三世界的消費主義文化意識形態〉一文中認為，資本主義現代化所需要的價值系統就是消費主義的文化意識形態。隨著資本的全球滲透，發達的資本主義國家以推銷消費主義爲己任，這種時尚性消費主義不斷生產並 "誘導出需求衝動"，並化強迫爲自動，使得第三世界的人們去 "消費"。[2] 應該說，在全球性消費意識的形成過程中，以跨國資本的形式出現的當代傳媒 "功不可沒"。

傳媒刺激消費的機理是，它以一種 "真實的內爆" 使出現於螢幕的內容等同於 "在場" 的真實，這種 "超真實" 使人不經意地停留在畫面的切換上。各種誘惑性的觀念、意象紛至遝來，人們在消費時尚、身心娛樂或參加社會活動中，受到傳媒的鼓動和誘導，大眾由此而逐漸滋生一種消費衝動。大眾文化產品本來就是 "情緒和感覺的表述結構"，"這種情緒和感覺不但包括個人的欲望和快樂，而且包括群體的共同經歷。"[3] 這樣，"消費" 成了人們的 "真實" 願望，而傳媒也終於把不同文化、不同習俗、不同品味、不同階層的人聯結於 "廣告 — 消費" 系統，並在多重傳播與接受過程中，將不同人群整合在 "消費" 的觀念模式和

---

2 王岳川，〈全球化消費主義中的當代傳媒問題〉，《文化研究》第一輯（天津：天津社會科學出版社，2000），頁 207-220。

3 〔英〕特里·洛威爾著，《文化生產》，參見陸揚等選編《大眾文化研究》（上海：上海三聯出版社，2001），頁 127。

價值認同之下。

　　在媒體消費主義的文化中，"身體資本"的消費最值得關
注。在從事現象學研究的學者中，最先注意並張揚"身體"的重
要性的，是法國現代思想家梅洛·龐蒂（Maurice Merleau-Ponty）。
他認為身體世界是藝術奧秘的謎底，因為身體既是能見的又是所
見的。身體的意義在於："我以我的整個存在於一種總體方法中
知覺到，我把握住事物的一種獨特結構，存在這種獨特的方式就
在瞬間向我呈現出來。"[4]而在法國社會學家布迪厄（Pierre
Bourdieu）的考察中，身體是一種資本，而且是一種作為價值承
載者的資本，積聚著社會的權力和社會不平等的差異性。或許正
是在這種現代性消費話語中，身體資本既能轉化為經濟資本，也
可以轉化為文化資本。在這個意義上，身體是資本，也是象徵的
符號；身體是工具，也是自身控制和被控制被支配的"他者"
（other），身體還是一種話語的形式。今天大眾傳媒中的文化藝
術，幾乎莫不與經濟資本和"身體符號"緊密地聯繫在一起。

　　布迪厄關於"身體資本"的闡釋，直接呈現了當代人對自我
身體的迷戀問題，值得深加關注。大陸文化學者王岳川指出，"身
體"在現代社會的重要性，以及將身體性存在與精神性存在的界
限清晰地劃出來，其造成的必然後果是"身體在現代社會當中，
空前地遭遇到時間和空間的分裂，遭遇到欲望的衝擊和現實社會
權力的壓抑，感受到邊緣化情緒性體驗。因此，個人身心與制度
的斷裂，理性與社會的斷裂，造成了現代人身體的多種流動變化
的蹤跡。"[5]於是，重生命感覺性，重靈肉分離性，重視精神遊戲

---

4 Maurice Merlean-Ponty, Sense and Non-Sense, Evanston, Ill，Northwestern
　University Press,1964. pp.50、17.
5 王岳川，〈全球化消費主義中的當代傳媒問題〉，《文化研究》第一輯（天津：
　天津社會科學出版社，2000），頁 207-220。

性，成爲了當代審美文化和媒體的重心。尤其是大眾傳媒直接刺激和消費身體性的欲望，使得遠距離的身體控制成爲可能。於是，大眾文藝節目、體育盛典和政治狂歡等大眾化的節日，成爲今日現代媒體高度發展時期的身體欲望話語的再生產。

　　在媒體消費中的那種 "跟著欲望走"，需要我們從當代大眾傳媒的文化解釋和價值判斷上進行考察。比如，近年來網路媒體中出現的所謂 "裸聊"[6]現象，就從負面意義上再次印證了 "沉重的肉身" 的命題。據參與一項專題調查的人員介紹，在某個國內知名的門戶網站的聊天欄目內，設有各類主題聊天室 200 餘間，其中名爲 "激情男女"、"男歡女愛"、"E 夜激情" 等帶有明顯挑逗性字眼的聊天室，都無一例外帶有音、視頻功能。這些聊天室任何時段線上人數之多，都是其他主題的聊天室所無法比擬的，尤其是在午夜時分。從視頻聊天開發的初衷看，該軟體是爲了網友溝通之需，是一種人性化的工具，但由於它的潛在贏利性，一些別有用心的人便想出了更多的方式，有的就把視頻聊天、裸聊作爲掙錢的工具。顯然，"裸聊" 現象當然不能簡單地說是網路工具之罪，而應該從大眾傳媒誘發的需要 —— 欲望表達，及塑造媒介的消費法則這一角度去認知。事實上，在媒體消費的強大邏輯下，視頻媒介的現實功能，如交流、溝通、對話等，被賦予了 "性" 的修辭，而人的精神性追求，如深度、理性、邏輯、記憶、反省、意義等，也在電子編織的夢幻中逐漸讓位於平面、感性、印象、刺激、放縱、遊戲的 "本能欲望" 空間。

---

6 所謂裸聊，是指除去臉部外其他身體部位全部裸露在我攝像頭下，通過網路視頻傳給聊天物件的聊天方式，以大膽文字的聊天和動作進行交流。在裸聊中，看到的大部分都是年輕的身體，且以男性居多。從攝像頭可以看出，裸聊的人大部分是在家裏或寢室、夜深人靜時進行。

　　有的學者傾向於把傳媒消費的推動者 —— 廣告，看作是一種
"欲望修辭學"。"消費主義乃是廣告的隱蔽基礎。廣告修辭學
內部很大程度地包含了欲望修辭學。廣告即是利用恰當的修辭表
白、凝聚甚至是製造、生產種種欲望。欲望是消費的動力。"[7]人
們注意到，廣告之中的女性形象是欲望修辭學的一個重要部分，
許多飲料、汽車、摩托車、化妝品以及體育用品均選用一些青春
貌美的年輕偶像作為商品的配角。儘管這些廣告，例如某些香皂
的廣告，更像是挑逗性地陳露女性的胴體，而廣告的敘事卻時常
暗示：擁有這些商品的男性，他們同時還將擁有眾多美麗的女郎。
這時，商品的使用功能並未消失，但廣告則以"召喚"性意象投
合了人們心理之中隱蔽的期待，顯示出商品的象徵功能。廣告修
辭學的基本義理是，商品必須先成為某種挑逗人們的符號，之後
才能被消費者所接受。廣告之中的欲望代碼系統正在以日積月累
的形式向人們提供一個巨大的"白日夢"。

　　與滿足人的"身體欲望"相對應，媒體消費主義者拼命把人
的精神空間擠壓，肉體已取代了靈魂，靈魂在肉體中沉睡，這也
已成為文化學者和學院批評家們特別關注的問題。人們注意到，
即便是在"精英文化"領域，由於媒體文化的強大侵蝕力，以及
商業利益的強大內驅力的支配下，日漸失去了提升高標準文化品
位的能力。在當前中國大陸的審美文化當中，雖然存在著主導文
化、精英文化和大眾文化的三元格局，但人們不難發現，大眾文
化作為一個新的文化形態，近二十年來發展極為迅猛，它不但在
其生產和流通的規模上超過了任何其他文化，而且還在以各種
"文化暴力"方式掠奪其他文化資源。這就造成了大眾文化對精

7　南帆，〈廣告與欲望修辭學〉，參見朱大可等主編《21 世紀中國文化地圖》（南
　寧：廣西師範大學出版社，2003），頁 236。

英文化甚至主導文化的 "殖民化" ，在這裏主要是指大眾文化以
各種方式利用來自其他文化資源，並把這些資源最終改造成爲適
合於大眾文化邏輯的共用性的文化。[8]

2005 年 10 月，著名作家王蒙在一次主題爲《變化與選擇 —— 對當
前文藝現象的個人感受》的演講中，列舉了 21 世紀初 18 個文化文學
現象，即明星賺錢、選美大賽、王朔現象、先鋒文學、小女子散文和
報屁股文字、副刊文學、廢都、女性文學、王小波、低齡寫作、電視
小品、歷史小說與帝王戲、反腐小說與主旋律、余秋雨散文、酷評、
手機文學和網路文學、超級女聲與夢想中國、漢語地位與前景等，他
指出這些文化現象的根本原因是 "市場經濟帶來了一種消費性通俗文
化"。他還以作家的身份質疑：當今的文學產品有多少是人生況味的
體現？有多少作品還對低層人物予以關注？有多少作家對虛僞醜態還
進行著入木三分的嘲弄？不消說，王蒙對傳媒與消費時代的文化含量
表達了作爲 "精英代言人" 的精神恐慌。

然而更值得關注的是，在傳媒消費時代，一旦葛蘭西所說的
那些作爲文化 "專職監護人" 的 "傳統知識份子" 圈子即學院精
英自身，也無法抵禦來自傳媒的名利誘惑和利益驅使，那麼基於
市場消費原則的媒體批評的立場，便終將是曖昧不清的，甚至會
出現批評的尺度偏向。事實也正是如此，如今，當 "公眾注意力"
已成了媒體消費主義的發動機，所謂 "吸引眼球" 業已成爲媒體
的關鍵字，以致一些道德可疑的知識者爲了追求 "眼球" （無論
是青眼還是白眼）的數量，可以不擇手段，不惜弄虛作假，用流
行的辭彙叫做 "做秀"。無論是吹捧還是謾罵，都有可能被利用
而成爲商業炒作；一些人甚至自爆醜聞，以 "裸體" 讀詩，向公
眾獻醜來博得 "紅顏一笑"。這種 "厚黑化" 的傾向具有強烈的

---

8 周憲，《中國當代審美文化研究》（北京：北京大學出版社，1997），頁 84。

傳染性，因而被一些學者譏之為“文化口蹄疫”，它與學院腐敗一起，已構成當下最具摧毀性的 “文化病毒”。[9]

9　朱大可，《21 世紀中國文化地圖·前言》(南寧：廣西師範大學出版社，2003)，頁 3。

媒體製造的 "民間" 想像

　　從人類學的觀點看，歷史上所有媒體的一個重要功能，就是描繪讓人心悅誠服的形象。這些形象傳播得越廣泛，其重要性就越大，爲建立認同和想像的現實的表達也就越升級，對媒體控制權的爭奪越激烈。形象在當代的重要性應該不足爲怪，因爲媒體爲我們提供了可視度最高的形象。[1]這種解釋，爲我們理解 "媒體想像" 的動力性法則提供了注腳。

　　有人通過分析上演話劇《格瓦拉》而掀起的中國媒體風暴事件，指出想像性消費的隱蔽邏輯：在當下的消費話語的背景裏，經過不斷的改變和描畫，格瓦拉從精英話語借助 "民間想像" 向大眾轉化，歷史上的格瓦拉連同當下真實的現實資訊已經被有意或無意地抽離。中國社會的現實問題成了模模糊糊若有若無的含混記憶，格瓦拉成了一個爲 "追求自己的理想" 而 "永遠在路上" 的符號，至於理想是什麼，在哪條路上，不知道。但這就夠了，它已然造就了消費市場上最重要的要素：進入話語中心。在消費需求的格局裏，格瓦拉被抽空，成爲一個傳奇，一個充滿魅力並且很有故事性的 "酷男"，一個巨大而空洞的流行符號，也只有這樣，格瓦拉才可能被迅速認同、流布，爲刺激消費、拉動

1　〔美〕薩拉迪基，〈人類學及其對大眾傳媒研究的貢獻〉，參見中國社會科學雜誌社編《人類學的趨勢》（北京：社會科學文獻出版社，2000），頁241。

市場貢獻他的形象和力量。[2]

　　不消說，在奉行傳播效力和市場效應的媒體精英們看來，任何現實或歷史中的人物事件，都正是一個類似格瓦拉式的"符號"。在這個情景展開過程中，"想像力"成為最重要的編碼工具，也構成了作品產生"意義"的關鍵要素。具有超人想像力的媒體精英所得到的回報，當然就是馬克思所說的"一頭羊＝兩把斧子"的市場關係。在消費社會裏，商品法則迅速瓦解了想像力的古老權威，"卡裏斯瑪"[3]的殘餘變得可以用公式計算了：文學的價值＝想像力＝策劃＝印數＝注意力，這業已成為市場策劃人、廣告策劃人、圖書策劃人、藝術推介人等的商業準則。當然，"在想像力和注意力之間，還有一個討價還價和自我閹割的階段，那就是刪除想像力中的極端個人化成分，使想像力具有公眾化的特徵；單個文藝家想像出來的，就像是所有人想出來的一樣。於是想像力越豐富的文化產品就越有市場。想像力就這樣成了一個市場的計謀。"[4]當傳播媒介以"注意力"為資源，通過"二次售賣"介入市場，它的法則就要求文化產品具備高度的"想像力"，這樣媒介邏輯與市場邏輯也就自然合拍，一種"共謀關係"迅即達成了。

　　但是，傳媒產品又何以將"民間"作為想像力資本，並傾注那麼大的熱情？在我看來，這只能從現代人的精神內部尋找答案：

　　其一，民間尤其是鄉村，是哺育人類的"血緣"之地，始終

---

2 雷啓立，〈酷男格瓦拉出場〉，《天涯》第 4 期（2002 年 4 月），頁 24-28。

3 特指一種古老的巫術想像。在蒙昧時代晚期，即巫師時代，那時的巫師既是王者，又是詩人，是一種具有"卡裏斯瑪"魔力的人，也就是柏拉圖所說的"獲取了神賜的靈感的人"。

4 張檸，〈想像力考古〉，參見朱大力主編《21 世紀中國文化地圖（第二卷）》（南寧：廣西師範大學出版社，2004），頁 22。

散發著原始魅力。真正的民間想像建立在“身體”與自然的關係基礎上。它遠離權力體系，保持著自身與土地、植物、動物的天然聯繫。它與國家權力無關，與精英話語權力無關；既不像政治巫師那樣關心宇宙結構與社會結構的對應關係，也不像知識份子那樣關注自然與社會主體的對應關係。“民間想像建立在‘身體’與自然的恒久關係之上。他們想像著自己像穀子一樣永遠循環往復地孕育、生長、死亡。他們作為欲望（身體）主體，既是‘人’，又像‘植物’；‘欲望化’是對外部世界的佔有，‘植物化’是向外部世界支出。這種收支平衡狀態，使民間想像力既刺激又消解‘身體’欲望。”[5]因此，真正的民間想像就如同一個童話，一曲牧歌，是最為大眾化的遙遠而親切的歷史記憶。

　　其二，民間想像在現代社會中的巨大釋放，某種程度上暗含了對“科技至上”的迷思。且不說技術層面遠未盡善盡美，即便科技高度發達如西方世界，也並不能真的做到物暢其流，人遂其願，何況還有許多“非技術因素”必須考慮在內？當下的“民間想像”，其實就包含了一種“回歸”意識，即從商業物流、都市紅塵中自拔出來，返回到人之為人的置身之地。所以，所謂“原鄉感”、“懷鄉症”等情結，莫不包含一種深刻的“時空差異”，涉及了今昔之比、異地他鄉與故里老家之比。

　　其三，“民間”看起來是一個相當簡單的中文詞，實際卻隱含一種極其根深蒂固的、中國人看待政治生活和政治社會的傳統方式 —— 這就是“民間對權力”、“民間對精英”、“民間對體制”等這樣一種二分式基本格局。對此，學者甘陽有個觀點，認為“民間”概念的含混性與“對抗性”的態度取向有關，於是人

5　張檸，〈想像力考古〉，參見朱大力主編《21世紀中國文化地圖（第二卷）》（南寧：廣西師範大學出版社，2004），頁23。

們使用“民間”時，雲集著各種話語勢力，放大了某種“對立性”。“民間社會這個詞絕不僅僅是一個抽象的概念，而毋寧是一個可以喚起一大堆非常感性的歷史記憶的符號。”[6]因此，“民間”與其說是帶有“共時性”的想像建構，不如說是由中國代代相傳的無數歷史記憶和文學形象所構成的。

　　如此，傳媒需要公眾注意力資源，而“民間”作爲對應于自然、身體、回歸與歷史記憶的多重性“意義符號”，成了最具“賣點”的文化想像，也恰恰迎合了傳媒市場的需求，於是在莫衷一是、眾語喧嘩的狀態下，它刺激著大眾傳媒的想像的“分泌”，並使之在有聲有色的螢幕上粉墨登場了。

　　這裏，我將列舉媒介傳播的數個主要文化現象，藉以分析媒介是如何借助“想像力”來製造媒體中的“民間”意象：

（一）“中國結”：傳媒的儀式化想像

　　中國結，有可能是中國古代民間文化中最爲人們俗見的標記符號。用一根紅色的繩子編結而成的環狀繩結圖案，多爲菱形，有形狀多樣的變體。這個來自民間傳統的結繩工藝，還有一些附加物，如唐裝、各種中式服飾，以及大紅燈籠，它象徵著福祉、吉祥和如意，一派喜氣洋洋。

　　人們注意到，進入 20 世紀以後，中國結在傳媒的歌舞昇平中，逐漸成爲節日慶典場合的吉祥物。這與現實中古老的民間工藝行將消失成爲鮮明對比，似乎預示著一個由媒體創造的新的民間文化運動的來臨。中國結與一年一度的春節晚會如出一轍，都屬於表意形態，作爲“世俗儀式的慶典”的內容，其含義也帶有多重性質：其一，它具有最廣泛的大眾性即世俗的一面；其二是

---

6 甘陽，〈“民間社會”概念批判〉，參見張靜主編《國家與社會》（杭州：浙江人民出版社，1998），頁 236。

儀式化，凝聚著我們這個古老民族的“集體無意識”和精神信仰；其三，它並非一般性的儀式化節目，而是具有“民族 —— 國家”的認同意義，它必須創造出與“國運昌盛”相匹配的媒體“經典”，而“經典”是不怕重複的。

中國結幾乎成爲國家圖騰，通過衛星電視的傳送，使內地觀眾、港澳臺同胞、海外華人“歡樂共此時”。中國結的政治意義在於，它標明東方古國已找到中國結來作爲國家主義文化的象徵物，“這一跡象表明，國家意識形態終於逐步放棄了帶有強制性的、可以製造出來的文化理念（如向日葵），也部分地放棄了抽象的、堅硬的、非人性化的科技文化理念，轉而開始向世俗的民間傳統文化尋找其合法性的基礎。”[7]同時，中國結的傳播意義還顯示，一種古老的民間傳統文化在傳媒中獲得新生和延續，是電子時代向文化傳統妥協的結果。中國結，這種傳媒的儀式化想像，既是中國本土文化面向一個開放世界（電視直播）的自我選擇，也是地球村文化中一個奇異區域文化的再度綻放。

（二）“超女”：娛樂消費中的“公民”想像

2005 年夏，湖南電視臺的“超級女生”無疑已成爲該年度最重要的文化現象之一。“超女”民間運動剛剛落幕，就連《時代》亞洲版也擋不住誘惑，李宇春上了《時代》封面。在大衆傳媒的推波助瀾下，全國“粉絲”（FANS）們歡欣鼓舞，以致於全國上下出現“凡有井水處，都在說‘超女’”的奇觀。

有人爲“超女”算了一筆賬：中國大約有 4 億人觀看了“超女”活動，15 歲到 25 歲的女青年是其骨幹，而被叫做“粉絲”的“超女”迷，有 6 歲的小女孩 —— 她也通過小靈通投票，也有

7　張閎，〈中國結：新世紀的國家圖騰〉，參見朱大力主編《21 世紀中國文化地圖（第二卷）》（南寧：廣西師範大學出版社，2004），頁 206。

74 歲的老太太，他在小孫女陪同下專程飛到長沙，參加 "超女"
決賽的拉票活動。"超女"經濟還表現出全新的文化產業樣式，
如手機短信、網站、光碟等，構成了 "超女經濟" 的產業鏈。其
中，手機短信超 3000 萬元，網站的 "超女" 網頁達 540 萬頁，光
碟銷量突破百萬，商業演出方面，上海百萬張預售門票一銷而光。
"超女" 廣告收入已超億元，冠軍李宇春簽約的 "廣告代言人"
身價已達 150 萬元。延伸產品的經濟效益更是不可估量。[8]

　　前蘇聯文藝理論家巴赫金曾言，藝術的很多東西都是滿足群
眾的狂歡心理，"超女" 無疑借助傳媒平臺，製造了 "滿足群眾
狂歡心理" 的嘉年華。這次 "超女" 活動以 "想唱就唱" 爲號
召，實現 "零門檻" 的廣泛參與。短信、網路與群眾狂歡，單向
的電視傳播被廣泛參與的互動所取代，可以說是即將到來的
"3G" 時代的一次預演。耶魯大學法學院教授本克勒曾把通過網
上合作刺激的生產模式，稱之爲 "同伴生產模式"，並認爲這種
行爲模式的作用將與日俱增。"超女" 嘉年華就是一種典型的產
生巨大經濟效益的社會行爲。

　　據一些學者觀察，圍繞這個事件形成了兩個事件公眾：一個
是在觀眾如癡如醉的狂熱投入中形成的，另一個則是在關於 "超
女" 比賽的民主意義的激烈爭論中形成的。第一個人群的公眾身
份是 "粉絲"（歌迷），第二個人群的公眾身份則是 "公民" 或者
公共生活的思考者。這兩個公眾因都與 "超女" 事件有關，彼此
互有聯繫，但也因關注的重點不同而互有區別。粉絲公眾關注的
是歌手或歌賽的結果，未必對公共問題有直接的興趣；思想公眾
關心的是 "超女" 的社會和政治意義，未必自己就是粉絲。

8 王國榮，〈給 "超女" 算筆賬〉，參見 2005 年 10 月 20 日《社會科學報》（上
　海）。

　　"超女" 事件前所未有地動員了廣大歌迷，也動員了許多人開始關注私人生活以外的社會文化消費現象，爲我們提供了一個觀察民間、公眾和公共空間的現實例子。儘管 "超女" 模式被央視名嘴扣上 "庸俗"、"低級" 的帽子，但更多的聲音則認爲，"超女" 的走紅本身就是草根階層興起的表現，這裏沒有權威，沒有背景，任何人都可以參加，卡拉 OK 式的跑調、破音，打破了 "字正腔圓" 的標準美聲一統天下的局面，從民間、公眾的價值美學範疇，反映出濃厚的反精英、平民化運動的特色。

　　對於已經塵埃落定的 "超女" 現象，還可以從多個視角給予解讀，如價值觀視角、社會潛意識表達、娛樂視角、階層視角等。但我們認爲，就當下現實意義而言，有關 "超女" 的 "民主表達" 視角和 "公共政治" 視角最爲重要。學者徐賁認爲，"超女" 事件與九十年代以來的一系列文化消費現象如出一轍，體現了 "消費者主權" 的擴展，讓人第一次體驗到草根的尊嚴，以及一種實實在在的 "自由" 的經驗，某種程度上它再次衝擊和顛覆了各種以 "權威中心" 名義對個人的控制。這次競賽的結果還出現了一些值得注意的價值共識，其中最爲一致的，也是最重要的就是 —— "真實"。"這種價值在政治和日常生活普遍謊言化的社會中不單純是娛樂價值，而且也是一種具有普遍政治和社會意味的價值。"[9]

　　因此，對於 "超女" 現象的意義，與其說是反映了現實社會中草根階層享有 "自由"、"尊嚴" 的開端，毋寧說是表現了人們對於這種具有普遍政治和社會價值的肯定。就這點而言，"超女" 無疑是大眾媒介迎合了草根民間的集體想像，並與時代性主

9　徐賁，《娛樂消費和公共政治》，見 "燕南網"。

潮相諧振的“傑作”。

（三）“快閃”、“極客”、“一夜情”：都市時代的“民俗”想像

近年來，被稱爲“網上新民俗”的文化現象令人眼花繚亂，它們與網路有關，它們與青年有關，它們也與流行有關。這些新文化現象，是理解和評價現代社會精神狀態的前提。這裏，有必要對這些網上新民俗作些交代：

所謂“快閃族”、“快閃黨”或者“摩客”的 Flash mob，就是通過互聯網召集數以百計、互不相識的人，在指定時間湧到指定地點完成某些希奇古怪的動作後，又在短時間內迅速消失。例如，2004 年 8 月，成都市春熙路街頭，100 多名“快閃族”在互聯網召集下，統一身著酒紅色的 T 恤衫，將雙手舉過頭頂，做出個“鄙視你”的手勢，同時用普通話齊聲大喊：“我 — 不 — 喜 — 歡！”。

所謂“極客”，特指從事電腦技術的知識人才，他們的年齡標準多在 21-34 歲，一般出生在 1970 年後，並在 1991-2000 年間長大成人。極客從有記憶開始就在與數字打交道，他們的血液裏流淌著 1 和 0 。有人對極客的畫像是：1、在態度模式方面，一是對技術的癡迷和職業的忠誠；二是追求工作與生活的協調、平衡；2、在思維模式方面，一是簡單化和片面化判斷；二是“問題 — 解決”式的思維傾向；3、在行爲模式方面，一是獨立與反叛；二是講究速度。

所謂“一夜情”，也是近年來急速竄起的名詞，是指男女雙方通過網路這種媒介相互接觸，網友雙方在現實中見面以後的一種偶發的性行爲，雙方均基於性欲求的特點，拒絕感情與責任，通常發生在並不熟悉的人之間。據網易廣東站調查統計，中國人

發生“一夜情”的認識途徑，有 34.6%是通過網上交友、24.4%是通過網站的聊天室。另據鳳凰網調查統計，有 32.22%的人跟網友發生過“一夜情”。

以上在青年中流行的、被認爲是“新民俗”的現象，因電腦的普及仍有不斷蔓延的趨勢。對此，中國青少年研究中心“青年文化現象與熱點問題檢測研究”課題組在作了大量資料分析後，揭示了隱藏在這些網路現象背後的社會實質：一、反映了後工業文明下，都市青年社會交往活動的缺失；二、適應了緩解都市緊張生活，調節心理壓力的需要；三、表達了顛覆常規，重塑社會秩序的內心衝動；四、滿足了標新立異、崇尚自我的表現欲；五、張揚了利益表達、價值訴求的願望；六、某些新民俗（如“一夜情”）是社會退步的表現，是人向動物的一種退化。[10]

值得關注的是，如果說在大眾傳播時代，許多文化現象的流行可能還肇始于少數精英或意見領袖的引領，仁厚開始在民間大面積流行，那麼在互聯網時代，多數文化現象則通常是自發的，並首先在特定階層、“小眾化”的板塊或人群裏流行。從青年流行文化的態勢看，“自發性”、“階層化”和“小眾化”是其基本特點。首先是自發性，即現代新民俗通常由社會內部的一些人群源於某種共同的興趣、愛好或品性而聚合成一個小圈子，他們利用先進科技（如互聯網、手機等），在無領袖指揮下組織集會，策劃儀式或活動，形成小規模人群效應；其次是階層化，即按照某一個或幾個標準，如財富、權力、教育、職業、文化或聲望之類，被區分爲各種不同等級的安排方式或狀態；三是小眾化，即將某一階層橫向細分爲許多板塊，人數並不龐大，形成互有重疊

10　“青年文化現象與熱點問題檢測研究”課題組，〈青年新文化：萬千寵愛在網上〉，參見 2005 年 11 月 17 日《社會科學報》（上海）。

的 "小圈子"。他們有各自的活動地點和交流模式，構成了青少年流行文化的 "小眾化板塊"，並在擴散效應的作用下，成爲更大範圍內的大眾流行文化的策源地。

　　"網上新民俗" 現象儘管還只是在小規模人群中盛行，尚不足以抗衡社會主流文化樹立的價值認同。但它也提醒人們，社會主流文化也要努力創造條件，吸納青年亞文化的優秀資源，而不是一味排斥亞文化群體與 "小眾化" 青年，否則，只會加劇他們對主流文化的離心力與抵抗力，最終導致社會結構的鬆散化以至斷裂。

部落格 "大集市" 與人類法則

自 2002 年 8 月首次出現 "blog" —— "部落格"（大陸叫 "博客"）的中文名，第一次提出 "部落格" 服務，部落格這種小工具就顯示出作為資訊傳遞方式的重要性和驚人潛力。

Blog 是 Web Log 的縮寫，簡單來說就是網路日誌，是個人或群體以時間順序所作的一種記錄，且不斷更新。Blog 的創作者可以是個人，也可以是組織；Blog 之間相互鏈結，並通過多種方式互動。"部落格中國" 的創始人方興東認為，部落格與 BBS 的主要區別在於，BBS 作為一個公共性的論壇，就像是一個大廣場，參與人員眾多，線民的成分非常複雜，許多 BBS 活躍者逐漸地佔據了論壇話語權，有時候反而會使得嚴肅話題的討論難以深入，探討問題品質會有所下降。而 Blog 作為個人的房間，主人可以實施維護討論話題的純粹性，有利於嚴肅話題的深入討論，滿足專業領域的要求，提升話題的思辯深度。

在人們一般理解中，所謂部落格就是網路日誌或者類似個人主頁的東西，在形式上它可以有多種形式，比如文字、圖片、多媒體等。但部落格並不只是個人資訊的 "孤島"，部落格真正的生命力在於它以個人部落格為中心，幫助人們更方便、準確的傳遞資訊。因此，對於 "部落格" 的較準確的理解是，它是一種以個人為中心的資訊傳遞網路，部落格們通過各種文字的、聲音的、圖像的種種部落格工具，自由發表各種資訊，同時又能使部落格們保持有效的溝通和協同。

在一個全球化的傳播時代，話語權越來越分散，而作爲個人媒體的代表，部落格正引領一種全新的媒體生態的形成。其意義表現在：

1、專業媒體是大教堂，部落格是大集市。與專業媒體那種"宣教"式的形式不同，網路造就了一種新型的傳播生態場。現代性境況下的自我通過互聯網與現實建立鏡像般的傳播關係，每一個注視者本人在網上也是一個被注視者，那麼，在網上的眾多人就會形成一種"態"，一種日常生活方式的"平均狀態"，它是個體存在的人文環境，一種精神生活的場域，它規定了每一個個體的存在可能性，每一個注視者和被注視者都處於網路共同形成的精神生活場域之中。[1] 對於這種新型的傳播模式，有人稱之爲"大集市"模式。

在 2005 年 11 月 5 日中國網路傳播學年會（南京）的發言中，被稱爲中國大陸"部落格教父"的方興東比較了專業媒體與部落格的區別：

專業媒體	部落格
大教堂模式	大集市模式
自上而下	自下而上
精英化	草根化
封閉性	開放性
專　業	業　餘
集中控制	分散式
政府和商業的體制力量	自覺個體的非體制力量

1 陳衛星，《傳播的觀念》（北京：人民出版社，2004），頁 370。

　　他還認為，兩種不同的媒體視角代表著兩種心態、兩種思維模式和兩種精神狀態，理想的狀態是：兩者不是簡單的對立關係，而是和諧融合、互補和彼此變革的狀態。部落格本身並不能顛覆傳統媒體，部落格也不是從專業性媒體的角度出發來打造自身的，部落格只是把自己 "知道的"、"想到的" 和 "認為的" 東西寫出來，部落格的傳播規律和傳統媒體不同，傳統媒體是從一個角度出發對某事件進行報導，而部落格則是每個人都可以從不同角度提供和補充各種新聞內容，使新聞報導更為充分。

　　2、部落格的公眾意義。部落格本身就是個生態（blogsphere），精英和草根、商業和非商業、主流和邊緣、個人和大網站等都是這個生態場中的一部分。部落格不像其表現的方式那樣純然是 "私人空間"，它的真正指向是一個更廣大的 "公共領域"，是一種深度溝通世界的方式。

　　3、部落格的現實性。如果說以往的網路生存方式更多地表現出 "虛擬性" 和人的 "遊戲" 本能，部落格則以更切實的社會身份回歸了 "人" 的自身。部落格空間承載的是個人與社會變化之間的直接關係，包括現實的態度、現實的情感和現實的生活。儘管大陸的 "網路紅人" 木子美和芙蓉姐姐的走俏，仍帶著濃重的娛樂色彩，但這無意中也使部落格這種傳遞資訊的方式被人們廣泛地瞭解，特別是在大陸，性格含蓄的中國人雖然不擅長公開表達，但中國人傳統上一直重視文字表達。部落格恰恰以個人化寫作的方式，指向了具有公共性的現實空間。

　　即便如此，部落格在虛構了 "終生平等，人人說話" 的網路神話的同時，其現實的能指性依然是充滿悖論的 "公共領域"。且不說部落格本身就有 "烏合之眾" 的嫌疑，況且這個眾語喧嘩的 "大集市"，在某種程度上還解構了具有正面意味的 "公眾"

的合法性。

　　其一，是什麼樣的"公共空間"？尤金·哈貝馬斯在《公共空間的結構轉變》這部極具影響力的著作中，把"公共空間"界定爲一個面向實際和解的非強制性交談領域。同時他也指明，一個社會建構公共空間的前提是，深化"啓蒙運動的任務"，重建一個可能由理性佔據主導地位的公共空間，這裏所強調的不是現實實踐中常見的工具理性，而是代表著最優秀的民主傳統的批評理性。[2]換言之，哈貝馬斯的"公共空間"突出了"理性"和"民主傳統"的關鍵點。那麼人們就有理由提出質疑，在現實的部落格群體中，或者說由他們構成的公共空間中，由誰來構成？怎樣構成？有哪些種類的人在這個空間交流資訊？這個空間是什麼樣的社區呢？當部落格上一再以"辱罵"和"攻擊"侵犯別人的人格尊嚴和名譽權的時候，人們對這個"便利工具"自然會提出缺乏理性精神和民主訓練的批評。

　　其二，要不要"自律"和"他律"？網路書寫的一個神話就是自由，而所有的問題也來自于追求自由的古老命題。如果僅限於虛擬的遊戲交往，它還不至於威脅他人，但在具有較強現實所指性的部落格空間，自由便可能氾濫爲自我的擴張了。當 Web1.0 時代盛傳的名言："在網上，沒有人知道你是一條狗"，已經暴露出在"匿名主導"的情形下，線民普遍缺乏自律性的問題，那麼 Web2.0 時代確實應該通過各種手段來證明："在網上，人人知道你不是一條狗"。這個理想或者規範，如果沒有以每個人的自律爲基礎，以技術和制度的他律爲輔助，是無法達到互聯網的生態和諧的。

2　〔美〕馬克·波斯特，〈網路民主：互聯網的公共空間〉，《問題》第 2 期（2003年 2 月），頁 235。

其三，有沒有改變人類的基本法則？如果說，是托夫勒預言並勾勒了資訊時代的宏觀視野，是尼葛洛龐帝宣告和描繪了資訊時代的到來，那麼現在我們需要做的，就是要為我們生存的資訊時代重新發現（而不是指定）真正的法則。

部落格會帶來人類根本無法想像的世界嗎？答案是：儘管部落格新世界，確實超出了人們的想像，顯得那樣怪異誘人和千姿百態，儘管言論的殿堂是那樣自由而敞開，但一些古老法則其實仍然在起作用。是的，在這裏人人都能發言、什麼都能發表，但到最後，其實這樣的地方不會有人在意。當人人都能發言時，人們傾聽的將依然是那些 "值得傾聽的物件"。

門檻重重的文化權威建制時，有時人們會過分觸目於它的禁錮，卻沒有想到，權威體系幾乎是必然的體系。山村的民歌手，即使在完全自然的、沒有權威重壓的條件下，依然會形成優選的局面：最受擁戴的是聞名四鄉的名歌手，歌唱之於他是藝術，之於其他人，只是娛樂和享受 —— 雖然人人都可以唱。同樣如此，即便現代傳播環境已今非昔比，但有一些法則卻是改變不了的，即：儘管從技術上講，網路部落格可以實現人人發言，但它最後形成的，依然會是優選出的發表。

重建互聯網的人文生態

　　互聯網技術的廣泛應用和迅速普及正在引發全球性的媒體革命，人類的社會生態和人文生態環境也正在發生革命性的變化。

　　網路 —— 一種新媒介，已經影響和衝擊人類的思想和感覺的方式，給人類帶來不同以往的閱讀、交流和日常生活經驗，特別是對於正在網路環境中成長起來的年輕一代，"數位化生存"已經成爲一種日常的生活方式。美國 ABCNEWS 網站曾經發表過一個調查結果，該調查的主題是：請讀者用一個詞來描述現在的年輕一代，得到的結果是，被用來描述年輕一代的詞有 120 多個，其中最具代表性的辭彙包括：

　　"微軟的囚徒" 一代（ "P.O.M." Generation,Prisoners of Microsoft）

　　"你有郵件" 的一代（ "You've got mail"）

　　"泡沫一代"（Bubble Generation）

　　選擇的一代（Choice Making Generation）

　　電腦一代（Computer Generation）

　　網路一代（Cyber Generation）

　　數字一代（Digital Generation）

　　"com" 一代（Dot Comer's）

　　眼球一代（Generation of the Eye）

　　掃描一代（Generation Scan）

隨便一代（Generation Whatever）

爲何一代（Generation Why）

超鏈結者（Hyper-Linkers）

速食一代（Instant Generation）

媒介一代（media Generation）

……

這些詞儘管表達各異，但大多與網路媒介有關。一位元英國的自由撰稿人 Vivien Marx 把當前以電視爲代表的傳統媒介向網路新媒介演變的趨勢，形象地比喻爲從"沙發土豆"到"滑鼠土豆"。[1] 這表明，網路媒介已經開啓了一個全新的媒介時代。

當然，每一次新的媒介革命被技術的發展催生後，都會帶來許多激動人心的嶄新前景，但這並不意味著舊的、傳統的媒介行將"告別"或衰落。超文本、數位化、地球村、人工智慧、賽柏空間、人機交互、互聯網等這些新媒介概念的出現，曾經帶給人們許多臆想，以爲新、舊媒介的之間，就是你死我活的關係。事實上，正如我們所看到的，以往的紙質媒介和電子媒介形式，仍然保留了各自的特性，甚至更加興盛，傳統的大眾媒介也以"公共社會生活中獨特的構成部分"這種角色存在著。所以，新、舊媒介是一種複雜的相互包容、影響的關係，最終可能呈現出"水天一色"的局面。

關於"新媒介"的定義，儘管眾說紛紜，但概而言之，可以稱之爲一種互動式、數位化的複合媒介。現有的研究已經從多個層面上指明它不同於舊媒介的特質：

---

1 Vivien Marx: "One Potato, Two Potato, Couch Potato, Mouse potato"，該文發表於《Convergence》1998 年冬季號。"沙發土豆"指的是那些拿著遙控器，蜷在沙發上，跟著電視節目轉的人；"滑鼠土豆"由此引申出來。

　　首先，新媒介具有“新”特徵。它是一種：（1）人際傳播媒介；（2）互動操作媒介；（3）資訊搜尋媒介；（4）集體參與式的媒介。

　　其次，新媒介是對舊媒介的延伸。新媒介透過以下方式打破印刷與廣電模式的限制：（1）使得多對多（many-to-many）的交談成為可能；（2）使得文化事項的同步接收、交流與再分配（redistribution）成為可能；（3）使得傳播行為脫離國家的疆界，脫離現代性的“領域化”間關係；（4）提供即時性的全球接觸；（5）將現代/後現代的主體置入網路性的器械中。

　　再次，對於“社會”而言，新媒介迅速把人們帶進一個被稱之為“資訊社會”或“網路社會”之中。按照紐曼（Neuman）的說法，這是“隱藏於一連串新技術背後的邏輯”，他說：“新電子媒介的典型核心特徵是它們彼此都互有關聯。我們正在目睹一種革命：一種廣泛的、相互連結的聲音、影像與電子文本網路，將人際傳播與大眾傳播之間、公共傳播與私人傳播之間的界線變得模糊……最終的結果將會是知識的多元主義以及個人化的傳播控制。”[2]

　　新媒介的上述特質，改變了傳統媒介環境中人們所持有的諸多“觀念”，因此當有人用“革命”一詞來概括它所帶來的激蕩時，似乎並非一種修辭或誇張：這是一場導致資訊供大於求的革命；這是一場資訊主權平民化的革命；這是一場使資訊的內容個人化、資訊傳播的方式人性化的革命；這是一場資訊流通完全超越國界的革命，等等。

　　但是，當人們歡呼“新媒介”又一次帶來 “人的延伸”之

---

2 〔美〕Denis　Mcquailz 著、陳芸芸譯，《最新大眾傳播理論》（臺北：韋伯文化事業出版社，2001），頁 162-193。

時，或許拓寬的視界內，欣賞到的並不是"網上風景無限"。新媒介本身就是矛盾體，它活躍著的資訊細胞，有良性的，有中性的，也有惡性的，一概都在網路上奔流。好在人具有自省能力，面對網路新環境，人們從人、社會和人文多種角度開始了反思、質詢乃至批判，一些學者列出的"問題"功能表也令人觸目驚心：

　　1、"網路泡沫"是必然嗎？互聯網作為嶄新的媒體，它的最重要特徵之一就在於它提供了"海量資訊"。不過人們還是不斷抱怨：網路供給的真正有價值的資訊並不多，所以就有效資訊而言，仍然是"供大於求"了。漫無邊際地搜索和流覽，長時間地接觸重複的、平面化的資訊，無疑是對"注意力"的巨大浪費。這裏首先要廓清"知識"與"資訊"的區別，簡單地說，知識是人經過精心研究後的資訊，即被深度注意、處理後的資訊。一個內容提供商所承擔的，應該是知識導航和知識集成的角色。[3]

　　2、"注意力經濟"就這樣被濫用？自高海伯（M.Goldhaber）提出"注意力經濟"概念以來，"注意力"也很快被庸俗化了。"注意力經濟"被狹窄地、功利化地理解為"以金錢換名聲"或"以名聲換金錢"的"炒作經濟"、"作秀經濟"。網路媒介受經濟利益驅動，為提高"點擊率"，常常圍繞"面子"、"名號"製作看點和賣點，而不是圍繞網站的內容建設做文章。

　　3、"個人化"必然導致"荒漠化"？互聯網技術的重要特點，是它的傳輸模式不再是中央控制式的，而是分散式的。這是技術發展帶來的傳播模式變革。由此帶來的個性化"網路生存"也呈現出異樣景觀，如"一對一"、"一對多"、"多對多"的傳播在互聯網上並行不悖，聊天室代替了觀眾熱線，視頻點播代

---

3 吳征，〈告別荒漠 —— 新媒體與精神生態重建〉，參見魯樞元主編《精神生態與生態精神》（海口：南方出版社，2002），頁127。

替了聽眾點播，BBS 互聯網技術導致每個人都可以低成本進入傳播業……似乎尼葛洛龐帝的著名預言 —— 網路技術終將實現"每個人都可以辦一個沒有執照的電視臺"，已經伸手可及。但是，正如以犧牲"個人化"爲代價的大眾傳播會導致眼球的荒漠化一樣，聽任個人化無節制的發展，也可能導致另一種更可怕的荒漠化。有識之士已經在驚呼：

> 這種荒漠化已在互聯網上初現端倪。隨便進入一個聊天室，就會驚異地感歎：人們的語言、情感怎麼會貧乏到如此程度？正如一位哲學家指出的，當人沒有豐富內心世界來支配其行為時，自由會迅速地蛻變為任性妄為。個人自由的重要性永遠不能勾銷社群、教化、認同感的重要性，個人的心智、情感如果沒有一種"必要的張力"，個人就會變成毫無個性的個體。[4]

互聯網上絕對的"個人化"，完全可能導致"致命的自由"問題。網路時代的"無政府線上"（Anarchy Online）、權威的失落以及傳統價值觀念的顛覆，其實不可能造就一種新的文明，相反，卻有可能使文明在技術高歌猛進的表像下驚人地退化。

4、網路的"信用危機"是不是無解的方程式？隨著網路的觸角在世界各地快速地延伸，隨著越來越多的人上網衝浪，然而，人們從眾多的網站中看到的竟然是一堆堆資訊垃圾、無聊和謊言。一位美國教授曾發話：別去互聯網，那裏是一個比無聊電視節目發源地更糟的地方。正由於此，許多人在網上看到一條消息 —— 哪怕是知名商業網站發佈的新聞資訊，都要逐一求證於傳統媒體。種種跡象表明，網路媒體的確經受著信譽危機。探究原因，

---

4 吳征，〈告別荒漠——新媒體與精神生態重建〉，參見魯樞元主編《精神生態與生態精神》（海口：南方出版社，2002），頁 129。

"一方面，這是眾多網站爲吸引注意力不得不'製造'某些轟動型新聞的結果；另一方面，也在於網站們沒有能力去辨別一些資訊的真僞，只得任虛假資訊大行其道。此外，各國政府至今尚未找到管理互聯網資訊服務的上佳辦法，也使得網路資訊發佈者在'資訊經營'時有恃無恐。" [5]

　　不僅如此，就像網路"病毒"無所不在一樣，新媒介帶來的"疑難病症"還是綜合性的。人們發現，幾乎每個螢屏馬賽克，都滲透著網路"無形病毒"帶來的潛在威脅，譬如，網路對政治管理帶來的衝擊，網路與人文精神之"失落"，網路帶來語言規範問題，網路色情傳播，網路與青少年精神障礙……許多社會和人文學者都曾從不同學科角度,發出針對新媒介的"盛世危言"。

　　"生態"一詞，似乎總在人們面臨新的困境、新的危機、新的焦慮之時，才顯得那麼重要。面對大眾傳播新一次的"開墾"而造成的"荒漠"，新媒體的閱聽人應該以更富有建設性的姿態，承擔起"綠化"的工作。

　　（一）理解新媒介，在"人的延伸"中找回自身。

　　在資訊傳播技術的發展史上可以看出，技術工具及其社會應用歸根到底是一個適應關係。網路媒介作爲正在發育的新媒介，在某種意義上說只是孤立的工具，而不能賦予它更多的理想色彩和強加的意義。

　　因此，對"使用者"而言，新媒介本身並不存在固有的道德意義,而是取決於一些特定的面向和變項,以及"使用"的態度。這些變項包括：（1）互動性程度（其指標是回應或使用者向來源/傳播者"提供"東西的比例）；（2）使用者所經驗的"社會臨場

---

5 邢建毅,〈真實還是虛擬：互聯網四問〉,參見陳衛星主編《網路傳播與社會發展》（北京：北京廣播學院出版社，2001），頁99。

感"或社交的程度（這意味著人們透過媒介運用所感受到的人際接觸的程度，也意味著"媒介豐富性"的程度）；（3）自主性程度（即一個使用者對於內容與使用是否感覺遭到控制）；（4）享樂的程度（既指給予的娛樂或享受，也指從技術本身的運用過程中所得到的潛在享受）；（5）私人化程度（與媒介以及內容的運用有關，包括個人性與獨特性的程度）。

鑑於以上幾個"變項"，新媒介的使用者如能認識新媒介的性質以及與"使用"的關係，從"虛擬環境"中找回自身，並使個人的心智、情感保持必要的張力，那麼人就不會在"延伸"中迷失自我。

（二）構想新媒介形態，確立以內容、品質和特色為最高追求的媒體觀。

網路媒體既然是作為一種媒體存在，也就必然與其他媒體有著許多共同點。儘管先進技術為網路媒體增添了飛翔的翅膀，儘管日新月異的技術進步，使人們產生了追趕不上的強烈感覺，甚至沒有停下來思索、品味、享受一下的閒暇，但是，"內容生產"依然是網路媒體的靈魂，品質和特點是網路媒體生存和發展的基本條件，社會效果是評判一個媒體網站辦得成功與否的客觀標準。

就新媒介的實際情形看，網路在以上三方面均存在不同程度的偏向。人們注意到，目前網路傳播的內容依然粗製濫造，訊息品質良莠蕪雜，網站經營更是跟著市場走，缺少追求"特色"的品牌意識。鑑於網路媒介始終在低層次上徘徊的局面，新媒體的觀察家和研究學者開始呼籲，中國的網路傳播應該變得"理性"、"成熟"、"大氣"起來，再不能重演"公地的悲劇"，經多次"網路"的開墾後又淪為荒漠。

（三）新媒介在開放性的環境中應重新建立新的文化認同。

從傳播的觀點看，新媒介也帶來諸多變遷的徵兆：一是社會與文化的藩籬重新獲得注意力；二是政治傳播模式的潛在變化，"舊式"的訓示方法似乎不再適用；三是"權威主導的"公共領域有衰落的跡象，共同文化模式呈現出分裂的態勢。[6]

我們必須正視，互聯網正在造就一種新的文化。舊文化的缺陷使我們對新文化抱有幻想，以致於輕易地忽略新文化暗藏的玄機。正如一位媒體觀察家所言：新媒體是新舊文化價值在新的技術平臺上整合的結果，是在新技術背景下新舊媒體在競爭中合作的產物。我們必須認識到：媒體的新舊是相對的，思想的源泉卻必須是常青的。分眾並不意味著散漫無羈，個性化並不排斥規範和共識。無可置疑，新媒體將使以往大眾媒體所造就的權威和權威體系受到挑戰，但新媒體的文化價值並非必然走向文化的"無政府主義"和價值的"虛無主義"。每一種文化在肌體更新過程中都有它的難題，都可能面臨自我毀滅的危機。新媒介賦予了我們時代新的契機，即我們應如何在一個開放性的環境，去重新創造"經典"、"權威" —— 建立新的價值認同和文化認同。

這或許是一種艱難的努力，但我們必須走出"荒漠"，重建人類富有生機的"精神家園"。新世紀初，我們正面臨著規劃和建設人類精神生態的新課題。

---

6 〔美〕Denis　Mcquailz 著、陳芸芸譯，《最新大眾傳播理論》（臺北：韋伯文化事業出版社，2001），頁 152。

文化傳播的時代迷思

一、"文化熱"的冷思考

文化的演變，不妨看作是一部人類追求自由的心靈史。在中國，由於有著沿襲數千年的專制統治，追求自由便更是一項沉重而艱巨的任務。20 世紀以來，中國知識份子的基本價值取向，便可以看做是從政治專制和文化桎梏中解放出來，逐漸探尋和創造更適合人的自由發展的人文主義價值體系的過程。

但我們也看到，即便知識份子在追求人的自由、社會民主和現代文明的總體價值上具有一致性，但由於人們的社會理想、歷史經驗和文化感受的差異性，也使人們對於一些具體問題的看法顯得莫衷一是。比如，怎樣看待中國傳統文化？什麼是現代文明？什麼是理想的社會？等等。這些問題的答案，可能將會長期爭論下去，而每一次爭論"熱"，都可能因為一些代表性人物和意見的出現，而隨之展開思想的激烈交鋒。

從大眾傳播的視野看，知識份子所討論的文化問題能不能為社會所關注，取決於它的現實"共名性"和公眾的回應程度。20 世紀 90 年代以來，"王小波熱"、"余秋雨熱"、"韓寒熱"之所以成為文化現象和爭論焦點，便是因為他們代表了因時代變遷而出現了一股新的社會思潮，具有廣泛的"共名性"，進而引起了全社會的輿論共鳴。王小波以"反諷"的態度看待生活的荒謬，余秋雨以"文化苦旅"表達知識份子在"精神後花園"中的徜徉，韓寒乾脆以“告別”的姿態走向“後現代”，都反映了文化思潮的變遷，也預示了歷史將掀開新的一頁。

在互聯網時代，線民的情感和意見表達代表了體制外的強大力量。以它爲代表的草根文化，已經對權威意識形態文化、對知識份子代表的精英文化構成了雙重挑戰。某種程度上，互聯網文化就是民間文化或草根文化的“大集市”，千百年來它是被權威和主流文化特別壓抑的部分，因此與女性文化一樣，它很可能會以“對立者”的身份書寫自己的歷史。置身於同一個文化時空中，網路文化當然會回應權威體制的文化以及精英文化，但決不會以合作者的姿態出現。我以爲，隨著社會民主程度的進程，借助網路媒介傳播的文化將構成值得關注的文化熱點，它也是正在蓬勃生長著的全新的文化形態。

二、歷史感與“光榮孤立”

中華民族是一個極其古老的民族，中國則也是一個極具歷史感的國家。這種歷史感，既表現爲對種族綿延的自信和極大的文化優越感，也夾雜著自近代以來所遭受的屈辱感。對中國人來說，“歷史”是一種民族記憶，甚至也是一種思維方式。

西方人經常感歎，中國人談論問題總是以五年、十年甚至以百年爲單位，這對於他們來說是不可思議的。對一個美國人來說，300 年就是他們全部的歷史，而對於一個中國人來說，300 年只是封建皇朝的最後一個朝代，幾乎伸手可及。中國的歷史對於一個西方人來說實在是太久遠、太神秘了，以至好“實證”的他們都懷疑，中國的歷史是不是虛構的？中國人尊奉的祖先竟然是 5000 千年前的堯舜，這可能嗎？

歷史是中國人揮之不去的記憶。古代文明實在燦爛，因而人們的談論也言必稱古代，那些輝煌的詩篇，那幅《清明上河圖》記錄的繁華都市，那些了不起的物質和非物質遺產……但說起近代，就不免使人氣短，民族的屈辱、帝國的衰落、文明的踐踏，像夢魘一般縈繞在國人的心頭。所以中國人的歷史感，便是由睥睨世界的驕傲和遭受外強摧殘的疼痛的混合物。

此外，這種歷史感尤其是對近代歷史的深切感受，使中國人的思考方式、現實想像也與西方社會存在巨大差異。正如一些文化學者指出的那樣，一方面，由於近代中國屢遭西方列強欺負，難免使國人在看待外部世界時具備很強的被害意識；另一方面，近幾年來，隨著中國的迅速崛起，以及崛起過程中出現的巨大興奮和喜悅，又使部分人產生狹隘的民族主義。比如，西方記者在流覽中國網站時，發現其層出不窮的具有嚴重民族主義傾向的言論，大多感到異常驚訝。一些國際專家認為，這種情形，有可能使中國在崛起過程中面臨類似英國、美國曾遭遇過的"光榮孤立"。

巨大的"歷史感"，已經成為中國走向世界、西方接受中國的重大障礙。在西方看來，中國不僅社會體制不同，而且在文化思維的深處，還時時散發出"歷史"的神秘感。而人類已經進入全球化時代和相互依存的歲月，一旦有了神秘色彩，就容易引起猜疑。因此對於中國來說，我們既要尊重歷史（所謂"歷史是不能忘記的"），但也不應讓"歷史"成為包袱，更不能把歷史榮辱成為衡量事物的唯一標準。此時非彼時，歷史已經掀開新的一頁── 用一句哲人的話說，"人不能兩次踏進同一條河流！"

三、韓劇《大長今》的啓示

韓國電視連續劇《大長今》在大陸地區的熱放，及贏得極高

的收視率，無疑提供給我們一些啓示。電視劇的故事內容那麼簡
單，甚至有些拖逞，但因爲非常生活化、人情化，散發著東方傳
統文化的魅力，便使人欲罷不能。這部電視劇的最成功之處，就
是把現代社會中漸行漸遠的倫理道德，作了人性化的處理，並把
儒家文化的禮儀，以一種正面欣賞的方式給予突出，肯定了傳統
文明的價值。在後者，大陸的文藝恰恰是批判式或調侃式的，而
其結果是，再次重複著自"五四"以來，經"文革"暴力，直至
二十世紀八十年代至今的反傳統經典的老路，傳統的道德價值觀
便反覆遭遇"摧殘"。

　　多年以來，大陸知識份子一再否定文藝的"教化功能"，其
本意是針對長期以來奉行的傳統政治思維模式的、僵化的"政治
教化"，而其結果是，也同時排除了任何有關"真、善、美"的
教化。一個積極、健康的社會，總是對事物的價值應該有所肯定、
有所否定的，並且應該有一定的平衡，但在我們的社會價值標準
中，似乎否定的東西多，肯定的東西少，所以正面性的價值觀便
無從確立。在文藝方面也是如此，目前中國最具影響力的作品，
正如人們在小說、螢屏、銀幕上所見到的，要麼是以顛覆、批判
的態度嘲笑現存價值、秩序的"小品"式的作品，要麼是以誇張、
玄虛的草莽武林，衝擊正常人倫的"打鬧"式的作品，而惟獨缺
少的，正是那種"大長今"式的至情入理的有所肯定的"教化"
主題。

　　對於傳統文化，究竟用一種什麼視角來審視和評價？其實這
早形成了涇渭分明的兩種態度，一種是肯定的，一種是否定的。
但問題是，爲什麼自五四以來，肯定的少而否定的多？我想歸根
到底取決於對歷史文化的觀察視角。近 100 年來，當知識份子著
眼於現代文明的理想憧憬，便慣常以反思、批判的名義，不加分

析、粗暴地對待傳統文化。同時，因爲傳統政治思維的現實投影，也影響了人們對待歷史的態度。其結果就是，歷史傳統中的優秀文明，如儒家的“仁愛”、“誠信”思想等，也因批判性的總體策略而自動刪除了。

傳媒生態學建設的若干構想

　　現代中國，大眾傳媒爲人們編織了生活和心靈的巨網，其結構日趨複雜，規模日趨龐大，已形成一個多介質、多層次、全方位的傳媒體系。據一些經濟學家的實證分析：時至 2000 年，中國傳媒實力居世界第二位，相當於美國的一半，超過了日本，並遠遠高於英國、印度和德國等國家。中國已成爲名副其實的傳媒大國。[1]

　　人們的感覺似乎也印證了這個判斷。在當今我們身處的媒介社會中，公眾越來越依靠"第三只眼"去看世界 —— 獲取資訊，掌握動態，增長知識，享受娛樂。無疑，以電視傳媒爲代表的大眾媒體已構成人類整體生活環境和人文環境的主要部分，與此同時，互聯網技術的廣泛運用和迅速普及又正引發著一場全球性的媒體革命，並日漸形成一個全新的傳媒環境空間。人類的社會生態和精神生態經歷著前所未有的 "氣候" 變遷。

　　不妨打個比方，如果說整個社會環境是經由微觀的個人環境之 "樹" 構成的一座 "森林" ，那麼，資訊傳播就像空氣、水和陽光，它們使播撒在社會土壤上的資訊種子生根發芽，繁殖綿延。這種傳播生態系統一經形成，便別具一格，對社會環境的影響至爲深遠。正如自然環境中有熱帶、溫帶、寒帶，有森林、草原、

1　胡鞍鋼、張曉群，〈中國傳媒迅速崛起的實證分析〉，《戰略與管理研究》第 3 期（2004 年 3 月），頁 84。

沙漠一樣，社會環境也具有多樣性，傳播系統作爲整個社會系統的資訊"傳播 —— 流通"的"子系統"，設若其正常生態遭到破壞，輿論生態便會失衡，社會環境也將惡化。

1968 年，《科學》雜誌發表了生態學家哈丁撰寫的一篇題爲《公地的悲劇》（The Tragedy of the Commons）的論文，文章認爲：人類過度使用草場、空氣、水、海洋水產等看似免費的資源，必將付出無形而巨大的代價。自這篇文章發表以後，"公地的悲劇"（環境和資源的悲劇）即刻成爲在環境科學、經濟學、社會學、政治學等領域廣泛討論的話題。在思考媒介與人和社會的關係時，我們也同樣想到了"公地的悲劇"。

正是以上一些緣由，本書將把"生態"的觀念引入傳媒領域加以考察。我們將探討傳播媒介與社會、政治、文化等生態系統的關係，運用現代生態學的理論來重新審視傳播媒介。這樣，我們就不能不把眼光延伸到傳媒所置身的社會和文化環境，探討和分析傳播過程中個人、群體、媒介和其他社會系統之間的矛盾、衝突、協同等諸種關係，從而找尋具有較強闡釋功能的傳播生態規律。

一、生態學時代的來臨

人類究竟在何時走上了"岔道"，以至釀成了現代文明的嚴重偏頗？我們還能回歸到一個人與自然和諧共處、未經解析分化的歷史時代嗎？要回答這樣的問題實屬不易。這需要進行一場觀念和話語上的革命，一次精神上的改造運動，或如舍勒所言："人類必須再一次把握那種偉大的、無形的、共同的、存在於生活中的人性的一致性，存在於永恆精神領域中的一切精神的同契性，以及這個第一推動力和世界進程的同契性。"[2]也就是說，人類必須準確把握"人性"和"世界進程"的兩個維度，從而真正找到具有自我"超越"性的話語領域。

人類歷史上曾出現兩次"真正的革命"，一次是"農業革命"，一次是"工業革命"。當前，"第三次真正的革命"正向我們走來。關於這一"革命"所對應的時代，有多種不同的稱謂，如"後工業"、"後現代"，但一個較爲普遍的看法是，即將來臨的時代是一個"人類生態學的時代"。[3]

"生態學"（Ecology）概念，是由 E·海克爾（E.H.Haeckel, 1834-1919）於 1866 年首次提出，並被認爲是"研究生物體同外部環境之間關係的全部科學"的稱謂。在生態學開創的初期，它所研究的物件主要是自然界，而且通常被看作"生物學"的一個分支，建立了諸如"昆蟲生態學"、"微生物生態學"、"森林生態學"、"濕地生態學"、"草原生態學"、"海洋生態學"等一些專門的學科。

20 世紀初，生態學被運用到人類社會的研究中，並開始滲入人類社會的種族、政治、經濟、文化等研究領域的各個方面，促使一批新的學科的誕生，如"城市生態學"、"民族生態學"、"經濟生態學"、"社會生態學"等，在此過程式中，生態學呈現出越來越濃重的社會和人文色彩。在這個基礎上，生態學也逐漸形成了整體的、系統的、有機的、動態的、開放的、跨學科的學科特色。

隨著地球生態環境問題的日益嚴重，生態學更加引人注目。

---

2 [德]馬克斯·舍勒，《資本主義的未來》（北京：三聯書店，1997），頁 231。
3 〔美〕E·拉茲洛，〈即將來臨的人類生態學時代〉，《國外社會科學》第 10 期（1985 年 10 月），頁 94。

1962 年，卡遜（Rachel Carson）出版《寂靜的春天》一書，被認為是現代環境主義運動開始的標誌。該書以驚世駭俗的筆調描繪了濫用農藥對人類環境的毀滅性影響，鮮明地提出人類應與其他生物相協調、共同分享地球的思想。1970 年 4 月 22 日，來自許多國家的人在美國參加了第一個“地球日”的活動，活動的主題是呼籲人們應嚴肅地反省地球環境狀況。這是環境主義者在公眾面前的一次集體亮相。此後，由於斯德哥爾摩等一系列國際環境會議的召開，在美國媒體的鼓噪下，“生態學時代”這個詞在世界範圍內耳熟能詳。

　　近半個多世紀以來，人類社會的“環境整體化”傾向越來越明顯。人與自然、人與人、人與社會的對立和緊張關係，也迫切需要用新的知識進行融通和調適。“一方面，人類通過技術比以前更緊密地聯繫在一起，更強烈地相互依賴。由於廣泛的生態關聯，每個人都在更高的程度上成為整個體系的一部分；另一方面，人與人之間變得更陌生了，每個人在這龐大的體系中生活都感到更不安全、更無保護。這裏，我們面臨著一場根本性的轉變，面臨著爭取建立人際相互理解新基礎的任務。”[4] 正是在這個強大背景上，生態學日益獲得了現代意義。

　　由此，生態學開始了“人文化轉向”。生態學者的目光也漸由自然生態學、社會生態學漸漸擴展到人類的文化生態、精神生態等更高的層面上。目前，“生態哲學”（ecophilosophy）、“生態傳播學”（ecological communication）、“生態政治學”（ecological politics）、“生態經濟學”（ecological economics）、“生態人文主義”（ecological humanism）、“生態女性主義”

---

4 〔德〕漢斯·薩克塞，《生態哲學》（北京：東方出版社，1991），頁 175。

（ecofeminism）等等，已成爲生態學研究 的新的“亮點”。與此同時，“所謂‘生態學’，似乎已經不再僅僅是一門專業化的學問，它已經衍化爲一種觀點，一種統攝了自然、社會、生命、環境、物質、文化的觀點，一種嶄新的、尚且有待進一步完善的世界觀。”[5]

到目前爲止，儘管“生態學”已經成爲一門超級顯學，但西方學者在兩個基本問題上即關於什麼是生態學、生態學又能給人們提供什麼樣的世界觀，並沒有達成統一意見。生態思想史家沃斯特（Donald Worster）曾描述過這種“眾語喧嘩”的境況：

> 在戰後年代裏，生態學取得了理論上的精深縝密、學術上的突出地位和資金上的完全保證，但也失去了很多內部一致性。它陷入了各分支領域的嘈雜紛爭中……他們至少在很長時間內或很廣範圍內，無法就世界的基本面貌達成一致意見。有人把“平衡”當作是自然界決定性的特徵，其他人則批駁這種觀點。他們很難就自然界呈現多少穩定性和多少變化達成一致。他們永遠難以確定一個受到破壞的環境或健康正常的環境究竟是什麼樣子。因此，生態學無法爲困惑不解的廣大公眾提供自然中任何明確的令人信服的標準。有人甚至說，自然界就是一片混亂，惟一的秩序只存在於人類大腦中。另一些人則懷疑科學是否曾完全理解自然界盤根錯節的複雜性。已經開始的對科學寄望很多的這個時代，最終只能滿足於很少一點……[6]

儘管沃斯特的表述主要是針對自然生態學而言，但在生態哲學、社會生態學領域，對以上兩個問題的討論也同樣充滿異見。

---

5 魯樞元，《生態文藝學》（西安：陝西人民教育出版社，2000），頁26。
6 沃斯特，《自然的經濟體系 ── 生態思想史》（北京：商務印書館，1999），頁395-396。

因此，著名生態學者羅爾斯頓（Holmes Rolston III）就指出，關於"生態學"，其實是一種"自然的信念"和"人們的義務信念"；它不只提供"生態知識"，而主要提供"生態智慧"；它是"關於自然的信念體系，指導人與自然關係的道德實踐"，所以"生態學"本質上具有形而上學的功能。[7]

鑒於同樣的認知，1973 年，奈斯（Arne Naess）在國際哲學雜誌《探索》上發表《淺層的與深層的、長遠的生態學運動：一個概要》，首次把"生態學"分成兩個體系：淺層生態學運動和深層生態學運動。[8]奈斯本人是傾向於深層生態學的，並且在論述深層生態學的體系時，給出了一個邏輯結構圖。圖表分成 4 個層次：

第一層次是"最高前提和生態智慧"；

第二層次是"深層生態學平臺或原則"；

第三層次是"普遍規範結論和'事實'假說"；

第四層次是"具體規則或適用於具體情況的決定"。

在有關生態學的最基本要素上，這個體系是相當完整的。從邏輯線索看，從第一層次到第四層次是"邏輯推導"，從第四層次到第一層次是"追問"；從結構安排看，第一層次是形而上學論域，他列舉了佛教、基督教和哲學（如斯賓諾莎、懷特海）三

---

7 羅爾斯頓，《環境倫理學》（北京：中國社會科學出版社，2000），頁 313。

8 Arne Naess，"The Shallow and the Deep，Long-Range Ecological Movement" Inquiry 16（Spring 1973）：95-100；and his "The Deep Ecological Movement：Some Philosophical Aspects" Philosophical Inquiry 8（Fall 1986）：10-31）奈斯認為，淺層生態學是人類中心主義的，多關心人類的利益；深層生態學是非人類中心主義和整體主義的，關心的是整個自然界的利益。淺層生態學專注於環境退化的症候，如污染、資源耗竭等等；深層生態學要追問環境危機的根源，包括社會的、文化的和人性的。在實踐上，淺層生態學主張改良現有的價值觀念和社會制度；深層生態學則主張重建人類文明的秩序，使之成為自然整體中的一個有機部分奈斯的區分大致反映了生態學研究的格局，基本上為生態學者所普遍接受。

個傳統；第二層次是規範倫理學論域；第三、四兩個層次則屬於
應用倫理學範圍。對於體系的確證，第一層次向第二層次的推導
是關鍵。

奈斯還進一步解釋說，"最高前提"指的是一種整體主義世
界觀，"生態智慧"是指"自我實現"和"生命中心平等"兩個
終極準則或直覺。第二層次，是 8 項深層生態學運動綱領，這是
一個具有包容性的非人類中心主義宣言。即便如此，奈斯進而明
言："對上面的前提 — 結論全景結構（圖表）不必太認真。它
不應是對深層生態學運動內部創造性思想的任何限制意義上的定
性。創造性思想是居無定所的。不過我們也為有科學和分析哲學
背景的人找來了一個有用的圖表。"[9]至少，奈斯作為生態學研究
的重要人物，他的觀點為我們解答前述兩個基本問題提供了思路
和方法，而其突出強調的"整體觀"、"生態智慧"、"平等原
則"等，則為我們建構生態觀念提供了諸多啟示。

什麼是現代生態學的核心內容？為生態學創建作出重要貢獻
的學者漢斯·薩克賽有個著名觀點作了概括，他認為：生態學其實
可以理解為"研究關聯的學說"。這種"關聯"，是指"探討自
然、技術和社會之間的關聯"，即一種整體性的關聯，正是在這
個意義上，生態觀念形成了特殊的系統思維，稱為"生態思維"。
用這種整體性關聯的思維，我們能更為準確的理解、考察一定的
生態系統對於其中心或主體的生態功能是否合理和良好，以此來
尋求自身與各子系統、各要素之間的整體性的平衡。這種關聯性
的生態思維，就是"生態智慧"。

9　Arne Naess，"The Deep Ecological Movement：Some Philosophical Aspects。"
　　Philosophical Inquiry 8（1986）：10-31。

二、傳媒走進生態學領域

自 20 世紀 30 年代以後，"生態學"已基本成為具有特定研究物件、研究方法和理論體系的獨立學科，而"生態"觀念也隨之滲透到傳播研究領域。

從最初的學術背景來看，媒介生態學研究的起源是在北美。路易斯·芒福德（Lewis Mumford）作為先驅者，從蘇格蘭生物學家戈德（Geddes）提出的"人類生態學"思想中獲得啟示，首次把媒介與生態聯繫起來，這是非常具有先見之明的。儘管芒福德將媒介與傳播學、文化、科技和城市放在一起研究，並沒有把"媒介生態學"獨立出來，但他關於"技術與文明"的論述，普遍被看作是奠定媒介生態理論的基礎。

美國學者昆斯（Kuhns）在其編纂的《主要媒介生態學者名錄》一書中，把芒福德置於首位，認為他是整個媒介生態學的奠基人。芒福德的媒介生態思想，深刻地啟迪和影響了北美的媒介生態學研究的兩大陣營：加拿大的多倫多學派和美國的紐約學派。

據美國威廉彼德森大學凱薩·曼孔盧姆（casey Man Kong Lum，中文名：林文剛）教授《媒介生態學在北美之學術起源簡史》[10]一文介紹："媒介生態"一詞，追本溯源的話，最早是由多倫多學派的代表人物之一、著名的媒介理論家和哲學家馬歇爾·麥克盧漢（H· Marshall McLuhan）在 20 世紀 60 年代首先提出的。在麥氏許多著名的著述中，有兩本研究媒介和文化的經典著作：《古登堡的銀河系》和《理解媒介：人的延伸》。這一時期，麥克盧漢還提出了其他很多重要的、在傳播和大眾傳播媒介研究領域

---

10 載當代文化研究網，www.cul-studies.com。

耳熟能詳的精闢論述，如"媒介即訊息"、"冷媒介和熱媒介"
以及"地球村"等論點。現在很難確定麥克盧漢是如何提出"媒
介生態"一詞的確切起源的，但是根據其諸多著述，通常認為他
創立的這一表述方式是將"生態"作為一種"隱喻"，以幫助人
們理解傳播技術和媒介對文化在深度和廣度方面所起到生態式的
影響。

　　紐約學派的貢獻在於，它把"生態"一詞僅作為修辭比喻拓
展到了學術領域。一般認為，"媒介生態"這個概念是經尼爾·M·
波茲曼（Neil M. Postman）在紐約大學（New York University）開
設媒介研究課程時採用這一術語後，才轉變為代表一種媒介研究
中用於正式學術領域的專有名詞。波茲曼還最早將媒介生態學，
建設成紐約大學一門學位方向課程 。他最早提出，媒介生態學
應定義為"將媒介作為環境來做研究"（"Media ecology is the
study of media as environments。"），這個見解在媒介生態研究的
發展過程中，是具有相當重要意義的一步。

　　2000 年，波茲曼在一次學術講演中，曾回顧、解釋他為什麼
採用"媒介生態"一詞來命名這個新的學術研究領域：

　　　　從你首次知曉皮氏培養皿（petri dish）時起，你會記得
　　"媒介是被定義為文化繁衍的物質"（a medium was defined
　　as a substance within which a culture grows）。如果你用
　　"技術"（technology）來替換"物質"（substance），那麼
　　這個定義便成為媒介生態學的基本原理：技術是文化繁衍的媒
　　介；也就是說，它賦予文化的政治、社會組織和思維方式以形
　　式。從這一觀點來看，我們再援引另一個生物學上的比喻，生
　　態學。該詞的起源和我們現在的用法已經大為不同了。

　　　　在亞里斯多德那裏，生態意味著"家庭"（household）。

他提到了我們保持家庭井然有序的理智鎮靜的重要性。而首次
以現代意義使用"生態"一詞的則是德國的動物學家恩斯
特‧海克爾（Ernst Haeckel, 1868）。20 世紀晚期，他用我們
現在理解的含義將生態一詞用於指自然環境中各種因素的相
互作用，特別強調這種互動如何產生一種平衡和健康的環境。
我們把"媒介"放在"生態"的前面，就是為了說明我們感興
趣的不僅僅是媒介，還有媒介和人類之間的互動給予文化以特
性的方式，也可以說幫助文化保持象徵意義的平衡。如果把生
態一詞的古代和現代的含義結合起來，我們可以說，它說明了
我們需要保持整個地球大家庭的井然有序。[11]

　　從以上"媒介"如何與"生態"結緣的解釋中，我們可以逐
漸理解到底什麼是媒介生態學，或者什麼是媒介生態學的典範內
容（paradigm content）。除此以外，把"生態"觀念引入傳媒研
究領域，還有其他學術緣由：

　　首先，"生態"一詞具有較強的解釋功能："第一，生態暗
指傳播過程和互動的各種關係。第二，生態意味著為一個話題提
供一個空間和關係的基礎。這指的是某種媒介的特點依賴於特定
的要素組合。第三，這種關係不是隨意的或完全專斷的，這種關
係的出現對媒介（技術）的存在和運行是基礎性的。第四，生態
具有發展的、偶然的和突發的特點。"[12]也就是說，"生態"概
念比較準確地表達了傳播媒介與社會的互動關係、特徵和規律。

　　其次，"生態"一詞還具有一種對技術和文化關係的反思意

---

11 林文剛，《媒介生態學在北美之學術起源簡史》，載當代文化研究網
　　（www.cul-studies.com）
12〔美〕大衛‧阿什德，《傳播生態學：控制的文化範式》（北京：華夏出版社，
　　2003），頁 9。

味。因爲媒介生態學有個重要的觀點，即電子傳播技術不僅帶來了一種全新的認識和感知方式，而且具有與傳統媒介時代完全不同的時間、空間、符號和物理結構的"偏向"。這也是麥克盧漢提出發聾振聵的"媒介即訊息"的智慧所在。電子媒介所改變的不只是人們談論的內容，更重要的是，它們改變了人們認識和談論世界的方式。電子媒介完全改變了人類傳播和文化中傳統意義上的時空觀念。作爲文字和印刷文化特徵之一的線性、邏輯的思維方式，現在受到了多維、直覺的思維、觀賞和認知方式的挑戰。應該說，傳播生態學看到了這個"偏向"，並且企圖從根本上糾正這種"偏向"。

除了上述列舉的三位思想家以外，還有兩位學者也不可忽略。一位是法國的社會學家和神學家加奎·埃呂爾（Jacques Ellul），他在《技術化的社會》一書中，闡釋他用法語命名的"la technique"一詞的概念，揭示人們應如何適應根植在技術中的意識形態，以及我們技術化了的心智又是如何對我們的思考方式、以及人類文明起著決定性影響的。他稍後的著作《宣傳：人類態度的形成》則集中批判學術界對他的"la technique"概念的誤用。另一位是加拿大多倫多學派代表人物之一的哈樂德·英尼斯（Harold Innis），作爲政治經濟學家和傳播學者，他的著作《帝國與傳播》和《傳播的偏向》，也屬於最早一批探討傳播媒介內在的時空"偏向"是如何影響文化的著作，其關注的重點主要是西方文明史，而且，英尼斯的著作對麥克盧漢產生過極大影響。

鑒於以上五位元學者在媒介生態學創立的歷史上所作出的傑出貢獻，所以林文剛把他們看作是"五位元媒介生態學歷史上具有開創性的思想家"。

進入 20 世紀 90 年代以後，美國的媒介生態學的研究重點是探討各種媒介的符號和資訊本質以及傳送特性，從人類傳播的結構和過程來解析文化的形成、延伸和變遷。這時期的代表人物主要有蘭斯.斯瑞特（Lance Strate）和林文剛。蘭斯的興趣著重於媒介思想的研究；林文剛的學術重點是從人類傳播的結構和過程來解析文化的形成和變遷，並且他還以中華傳媒與文化研究為中心，以各種傳媒的發展和其符號、資訊特性為依據，來分析歷史、政治、社群和文化的發展。

　　日本也是較早關注媒介生態學的國家，不過日本學者很少使用“媒介生態”概念，而是用“媒介環境”等同之。日本的資訊科學和社會資訊學比較發達，故日本的媒介研究也帶有資訊科學的色彩。代表人物如 20 世紀 60 年代最早提出“資訊產業”概念的梅倬忠夫，就是從生態學角度展開對資訊社會研究的；而日本東京大學的社會情報研究所編撰的《媒介環境原典 1851～2000》，則是一部有價值和份量的媒介環境研究著作。[13]

　　應該說，我國展開媒介生態學研究，不像“傳播學”研究那樣是從海外引進，而是來自於我國傳播學者的自覺。中國學者對媒介生態的關注基本上是原發的，與美國、日本的研究並沒有直接淵源。20 世紀 90 年代以後，國內傳播學界的有識之士基於我國媒介面臨的問題和生存環境的危機感，似乎達成了不謀而合的共識，與其他學科幾乎同時把目光投向逐漸“走紅”的生態學。代表性學者如，邵培仁教授最早發表《傳播生態規律與媒介生存策略》、《論媒介生態的五大觀念》等系列論文，首開國內媒介生態研究的先河；孫旭培教授發表《文態平衡諸理論》，討論新聞出版與整個社會文化領域的五種“文態平衡”理論；童兵、張國良

13崔保國，〈媒介是條魚 —— 理解媒介生態學〉，《中國傳媒報告》第 1 期（2002 年 6 月），頁 12。

教授也使用"媒介生態"的概念，展開相關課題研究；媒介實證研究的專家張立偉等發表《入世一年的四川傳媒生存環境變化》，也表現出對媒介生態問題的濃厚興趣。這些論文從不同角度發表了對媒介生態頗有見地的觀點和思考。

三、傳媒生態學建設的若干構想

　　傳媒生態學是一門交叉性、綜合性學科，根植於各種不同的研究方向和學科領域中。比如，傳媒生態學的基本觀念，一方面汲取了生物學、生態學和古代、現代的哲學思想，而在具體的微觀領域，媒介生態學則還牽涉到傳播學、社會學、經濟學等諸多領域的知識。

　　鑒於媒介生態學研究的已有的研究成果，筆者試圖對我國未來的媒介生態學建設提出自己的一些初步設想，以就教於該領域的專家、學者。

（一）關於媒介生態學的學科特徵

　　美國學者大衛·阿什德認為，傳播生態的研究主要有三個維度：（1）資訊技術；（2）傳播範式；（3）社會行為。"本質上說，傳播生態學旨在幫助我們理解社會行為是如何（經由媒介）被組織起來為社會秩序服務的。"[14]因此，媒介生態學的根本"落腳點"是傳播媒介與社會文化交叉、滲透的領域。

　　正是基於這一點，林文剛教授的提醒我們：媒介生態學的研究領域，並不是在研究什麼自然現象（如天體或相對論）的規律。我們從其他學科和經典哲學中借鑒理論，如"生態觀念"、"生態思維"、"生態智慧"等，並不等於要把媒介拉回到資訊閉塞、

---

14 大衛·阿什德，《傳播生態學 —— 控制的文化範式》（北京：華夏出版社，2003），頁8。

傳播落後的原始社會中，而是"借著這個基礎，使我們能在技術世界內而又不受它損害地存在著。"這種歷史發展的觀點，令人聯想到海德格爾的哲理名言："當代人不能退回到那個時期的未受傷害的鄉村風貌，也不能退回到那個時期的有限的自然知識"，"沒有人會想到這樣的意見：我們這個行星的狀況在不久或一般而言可以又變成鄉村的田園風光。"[15]

因而，媒介生態學不是持"倒退"的觀點，而是持與媒介傳播進程"同契"與自我"超越"的觀點，其目的則是幫助"傳播 —— 文化"保持象徵意義的平衡。

那麼傳媒生態學學科特徵是什麼呢？由於西方學者較早涉獵這個領域，他們將傳媒生態學特徵歸納為幾個層次：

首先，傳媒生態學承認傳播和文化間的共生關係，因為傳播是人類社會互動的過程，而文化則是這一互動的產物。在這個人類文化演變的進程中，媒介無疑便扮演著一個關鍵角色；

其次，傳媒生態學承認媒介和文化是複雜的社會現象，承認要理解媒介和文化間的共生關係將會是艱難的努力。媒介生態學者並不指望在媒介和文化間發現簡單、直接的因果關係。事實上，媒介生態學認為媒介和文化間的共生關係非常複雜且常常不可預知。

第三，根植於對傳媒生態學的基本認知，認為"傳媒生態學"作為一門獨特的學科，還應貫穿於人文主義的研究議程和教學法。媒介生態學者並不只研究媒介和文化的關係，實際上，他們也期望用自己的知識結構幫助文化或社會保持一種平衡的狀態。媒介生態學應該也被視為媒介教育的教育學和教育法，即一種傳

---

15 轉引自岡特·紹伊博爾德，《海德格爾分析新時代的科技》（北京：中國社會科學出版社，1993），頁 240。

授如何理解自己的文化以及如何能幫助保持文化平衡狀態的方法。

　　歸納起來，傳媒生態學可以從三個維度予以認知：1、從傳播學原理出發，研究媒介與人類社會之間的互動，及給予文化以特性的方式；2、在多維視野中，研究媒介與政治、經濟、文化間的複雜、共生關係；3、用整體的生態學知識，探討如何幫助文化和社會保持象徵意義的平衡。因此，媒介生態學研究離不開有關傳播媒介的健全的知識結構，以及對各種傳播關係和機制的理解和把握，更離不開貫穿其中的"生態智慧"和"生態精神"。

（二）傳媒生態學研究的物件與任務

　　傳媒生態學的學科特徵，邏輯地形成了媒介生態學研究的主要物件和基本任務。

1、探討"作爲傳播的媒介"的生態命題。

　　媒介不僅是資訊的傳播者，也是社會行爲的塑造者。以往的媒介研究，比較關注的是微觀的傳播過程及其各要素之間的工作關係，而不太注意媒介傳播中的微觀、中觀、宏觀系統之間和它們各個組成部分之間的生態關係，更沒有積極探索它們之間相互作用的生態規律。媒介生態學則調整了視角，以一種具有統攝性的生態精神，透視媒介傳播的每個要素及其相互關係中的生態命題，如傳播者的精神生態、媒介的訊息空間、媒介的傳播尺度、媒介的體制、媒介的生態法則等，力圖發掘媒介的傳播生態因數和規律，尋求媒介的生存、發展策略。

2、揭示人類資訊傳播活動與媒介生態環境之間的關係。

　　人類通過生產和消費資訊的活動持續影響社會環境，並不斷影響媒介系統。環境既是媒介產品的消費者，又是媒介的資源。美國傳播學者德弗勒和鮑爾·洛基奇（L·Defleur and Ball-Rokeach）

指出：媒介生態關係之形成，"一方面在於目標，另一方面在於資源。生活在一個社會的部分意義就在於個人、群體和大型組織為了達到個人和集體目標，必須依賴其他的人、群體或系統控制的資源，反之亦然。"[16]人類生產和消費資訊資源的過程非常複雜，但有一個基本認識，就是必須使一個社會的資訊資源足夠豐富和資訊傳輸管道保證暢通，整體的社會環境才能保持相對平衡。

3、探索媒介生態環境變化對人類生存的影響。

為使媒介生態環境向有利於人類的方向發展，就必須瞭解媒介生態環境變化的過程、基本特性、結構形式和演化規律等。媒介生態環境變化是由媒介技術因素和社會因素以及這些因素的相互作用所引起的。因此，必須研究資訊媒介技術的發展變化以及進媒介形態的各種變化。同時，還必須研究媒介生態環境變化同社會資訊系統之間的關係。這些研究可為人類提供一個健康的媒介生態環境、控制資訊污染和資訊生態危機。

4、研究媒介生態危機和危機資訊管理系統。

據一些學者的考察，西方發達國家對於資訊危機和媒介生態問題的研究包括幾個方面：60-70 年代主要關注的是資訊爆炸和資訊污染的治理；80 年代側重研究資訊安全和資訊犯罪；90 年代最引人注目的是媒介產業的數位化和全球化所引發的一系列媒介生態環境問題。[17] 應該注意到，引起媒介生態環境問題的因素很多，需要綜合運用多種措施和管理手段，從區域媒介生態環境的整體出發，利用資訊系統分析和媒介生態的規律尋找解決媒介生

16　〔美〕德弗勒、鮑爾-洛基奇，《大眾傳播學諸論》（北京：新華出版社，1990），頁 339-340。

17　崔保國，〈媒介是條魚 —— 理解媒介生態學〉，《中國傳媒報告》第 1 期（2002年 6 月），頁 15。

態問題的最優方案。

　　除此以外，要探尋媒介傳播的生態規律，還必須從傳播學和生態學的基本原理和知識出發，梳理和總結屬於本學科的基本理論命題。

（三）建構中國特色的媒介生態學體系

　　數年前，本人曾經在〈從本土文化中發掘傳播理論資源〉一文中，針對我國傳播研究的現狀提出過一些看法：

　　　　二十世紀 80 年代以降，隨著"門戶"的開放和學術視界的打開，大量西方的傳播理論被不斷引入傳播研究領域，啟動了學界的思維，開拓了人們的視野。但傳播學界在熱心"拿來"，並不斷做譯介、闡釋和搬用的同時，卻很少考慮這些傳播理論的適用性，以及傳播理論本身所伴隨的文化語境及其"繁殖"的有限性，所以出現了雖熱鬧而不持久、只浮華而不深切的缺陷。也有些學界人士已經意識到，各種西方傳播理論如果脫離了特定的話語情景，以及它植根的自然科學、哲學、歷史等特定的文化背景，那麼它多少只是一種隔靴搔癢的"學問"，而在更深遠的意義上，那種對西方傳播研究的亦步亦趨，可能拱手讓出的是民族的知識話語權。

　　　　在文化全球化語境中，中國的傳播研究當然要跨越民族界限，防止在文化孤立的自覺價值意識中尋找價值共識，但我們也要注意，關於西方傳播理論這個"他者"的文化想像，往往由於地理距離的遠隔、歷史事實的生疏和切身感受的隔膜，使得影射在全球化文化工業中的傳播思想，雖顯得怪異和誘人，但畢竟形式化了的虛幻感會抵消該傳播理論中原有的深層意義。即使是西方對東方文化理解中形成的"傳播"理論，也可能因誤讀、誤釋東方文化的精粹內涵，又在反過來的文化傾銷中，將製造出來的偽奇觀再度仿真，回輸到該文化的原生地，迷惑欠缺前提認識的本土受眾，這種錯錯相應的結局，也必然使本土傳播文化被一再改寫。[18]

基於這一看法，對於本國的媒介生態學建設，我同樣持"從西方'拿來'，走'本土化'道路"的觀點。我以爲，中國媒介生態學建設必須牢牢根植於中國的歷史和文化，面向中國的媒介傳播環境，而且從學術層面來看，還應該牢牢根植於中國的學術傳統。

因此，當我們研究傳播媒介如何在中國文化的發展中扮演角色的時候，我們不應指望"複製"那種研究媒介傳播對西方文化的影響時所展開的媒介生態學理論分析。我們應立足於中國的媒介環境，開出符合實際的"問題功能表"：媒介生態學如何與中國的媒介傳播發生聯繫？什麼是中國媒介生態學的典範內容？我們如何進行中國媒介生態學的建構？中國的媒介生態學將對世界媒介生態學的學術發展作出什麼貢獻？等等。

基於以上一些判斷，這裏，我想提出具有中國特色媒介生態學體系的初步構想：

1、融通的生態理念。

媒介生態學彙集了生物學、生態學、環境科學、資訊技術科學等多領域的思想成果，並從古代、現代哲學中汲取智慧和思想方法，因而有關"生態"的一些基本觀念是融通的，比如生態系統的理念、生態平衡的理念、生態智慧的理念等等。媒介作爲"社會公器"，儘管有著自身的現象、特徵和規律，但由於其聯結自然、人、社會等基本要素，必然與其他學科在本質上有相通之處，

---

18 徐國源，《草根傳播與鄉村記憶·序言》（臺北：文史哲出版社，2005），頁 2。

所以一些基本的生態理念也是相通的，並且也是可以借鑒的。

　　媒介生態研究的基本目的，歸根到底是爲了找到保持"媒介——社會"生態平衡的方法和規律。因此借鑒和汲取生態智慧，形成正確的生態思維和觀念，這對於認識媒介、管理媒介和建設可持續發展的媒介具有重要意義。鑒於此，邵培仁教授從"生態學"中獲得啓示，提出媒介生態的五大觀念：媒介生態的整體觀、互動觀、平衡觀、迴圈觀、資源觀。[19] 他的研究，融合了傳播學與生態學的知識和理論，提出的見解也具有發人深省的價值。

2、交叉的學科特徵。

　　崔保國教授在總結媒介生態學趨向時，認爲媒介生態學研究正逐漸向多層次的綜合研究發展。"一方面媒介生態學的研究在進入微觀領域，涉及個體媒介的傳播、經營、管理等各個層次；另一方面，媒介生態系統又越來越全球化，研究也在走向宏觀；微觀和宏觀各層次之間又都有密切聯繫。因此媒介生態學的研究具有綜合性。"[20]

　　傳媒生態學的綜合性特徵，自然延伸出它必然與其他學科具有多方面交叉。如，從媒介與環境的相互關係看，媒介生態學是傳播學與社會學、政治學、經濟學、文化學的交匯點；從媒介對人類社會的影響看，媒介生態學又是與心理學、倫理學的交接點；而從媒介與文化關係看，媒介生態學又可以說是資訊學、人類文化學等多學科的聚合點，等等。

3、開放的研究範式。

---

19 邵培仁，〈論媒介生態的五大觀念〉，《新聞大學》第 4 期（2001 年 12 月），頁 50。
20 崔保國，〈媒介是條魚——理解媒介生態學〉，《中國傳媒報告》第 1 期（2002 年 6 月），頁 16。

　　由於"生態"代表著一個具有相當複雜性和流動性的系統。任何生態系統的變遷和衰亡，都是該系統中諸多因素間錯綜複雜的互動作用的結果。所以，任何生態（也包括自然環境中的生態）都是一個活生生的事物和正在進行的過程。同樣，媒介生態學（或者中國媒介生態學）也應該是一個活生生的、開放變化的和不斷成長的研究領域。正因爲如此，媒介生態學也形成了開放性的研究架構和範式。目前，媒介生態學總的來說可以分幾個類別：一類是以媒介爲中心展開，研究媒介與其生存發展環境問題的媒介生態學；另一個類是以人類爲中心展開的，研究人與媒介環境問題的媒介生態學。這兩方面的內容構成一個完整的媒介生態學體系。

　　由以上兩種媒介生態學研究的主要范式，自然地延伸出多視域的研究方向。比如，按所研究的媒介分，有報業生態學、電視生態學、網路生態學等；按媒介所處的環境分，有國內和國際媒介生態學等；按媒介生態發展的歷史分，有古代和當代媒介生態研究等；按應用性分支學科分，有媒介經營生態、媒介生態危機、媒介生態環境管理、農村媒介生態、城市媒介生態等。至於研究方法，也具有開放性，如媒介生態學吸收了傳播學、生物學、統計學、資訊技術科學的研究成果，並形成了一些基本研究方法，如觀察描述的方法、比較研究方法和實驗方法等。目前，這些研究方法與一些新的研究方法綜合而成現代媒介生態學的研究方法體系，呈現出由定性研究趨向定量研究，由靜態描述趨向動態分析。歸根到柢，各種傳統或現代研究方法的使用，都是爲了更廣泛、深入地探討媒介與生態環境之間相互作用的關係，對複雜的傳播現象進行深入分析，進而找到符合實際的生態規律。

輯三　記憶的銘文

政治威權下的傳播神話
── 以大陸 "朦朧詩" 的傳播為例

　　詩歌要不要、能不能介入社會？詩界和學界一直有著廣泛的爭議。在所謂 "介入文學" 的始作俑者薩特那裏，他明確將 "介入性" 賦予了散文、小說和他偏愛的戲劇等文學樣式。他以為，散文、戲劇首先是一種公眾化的藝術活動， "散文藝術與民主制度休戚相關，只有在民主制度下才保有一個意義。"[1]然而，在薩特的心目中，詩歌成了一塊 "美" 的特權領地。在他看來，詩歌如同涉世未深的 "大家閨秀" ，純潔美麗，天真爛漫，一旦過早地 "介入" 人世，似乎就有 "失貞" 的危險。

　　詩歌的 "介入性" 在西方文學理論可以作為 "問題" 存在，但在中國，卻基本上不成　"問題" 。我國的文學觀念很早就有 "詩言志" 和 "文以載道" 的說法，而所謂 "志" 與 "道" 在很大程度上是寄託著社會改造理想的。文學與現實，詩歌與政治，幾乎天然地存在 "剪不斷" 的血緣關係。至於朦朧詩，眾所周知，它的主要作品大多寫於 20 世紀 70 年代早、中期，以及 80 年代早期，彼時詩人以民間、 "地下" 的存在形式，與專制政治發生著直接的對抗。在這個反抗歷史暴力的過程中，他們用 "詩" 塑造一代人的雕像，同時也孵化了詩人 "自我" 的膨脹。在詩中，他

1　〔法〕薩特著、施康強譯，《薩特文論選》（北京：人民文學出版社，1991），
　　頁 135。

們呈現出一副基督般大苦大悲的神聖面目，彷彿已成爲民族苦難的代言人和拯救者。

在朦朧詩人看來，詩不僅是苦難的象徵，而且是拯救苦難的開始，詩的“介入性”正可以也應該得到淋漓盡致的發揮，恰如北島那首著名的〈結局或開始〉開篇所寫的那樣：“我，站在這裏/代替另一個被殺害的人/爲了每當太陽升起/讓沉重的影子像道路/穿過整個國土”（北島〈結局或開始〉）這裏，似乎整個民族的苦難都集中於詩人的肩頭，他痛苦地醒著，孤獨地站著，艱難地背負著。所以不管詩人願不願意，朦朧詩被批評家貼上“政治”的標籤，幾乎是理所當然的。誠如文藝批評家張閎所指出的，“認爲詩歌可以‘做什麼’的想法，乃是‘今天派’（以及所謂‘朦朧詩派’）詩人的觀點。他們也確實用自己的詩歌‘做’了一些什麼……‘今天派’的詩歌曾經以前所未有的‘介入性’，給當時的中國社會以極大的精神震撼。”[2]

儘管後朦朧詩人以“純詩”的眼光，對朦朧詩夾帶濃厚的政治色彩有著過多的責難，認爲朦朧詩在社會政治方面做得很多，而在詩歌藝術方面做得卻很少，他們甚至還發現朦朧詩因其“介入”，所以在抒情方式和美學意趣上與“文革”話語形式和美學之間有著相似性，但在我看來，這種指責和詰難多少顯示出簡單化和粗暴化的傾向。歷史地看，朦朧詩的“介入”具有“被迫”的性質，而實質上是一種受抑制的弱勢群體爭奪話語權、發言權，是一種權力意識支配的結果。眾所周知，在“文革”期間，非主流意識形態性的話語表達是不允許的，在極左的政治機器面前，人民的廣場不可能有人民的聲音，“發言”也成了“白日夢”，

2 張閎，〈介入的詩歌〉，參見孫文波等編《語言：形式的命名》（北京：人民文學出版社，1999），頁303。

北島在〈白日夢〉一詩中便曾拆解過這個秘密："我需要廣場／一片空曠的廣場／放置一個碗，一把小匙／一隻風箏孤單的影子／佔據廣場的人說／這不可能／籠中的鳥需要散步／夢遊者需要貧血的陽光／道路撞擊在一起／需要平等的對話"（北島〈白日夢〉）然而在"文革"時代，與"父法"之間的"平等對話"既不可能，於是"總想大哭一場"的一代人迷茫、失落、苦悶，轉而用朦朧的隱喻曲折地表達叛逆的"聲音"。這時，那些在地下傳遞"聲音"的詩人，更像一群幽靈，他們只能用詩的密碼傳遞真實的聲音，同時也期盼喚醒"熟睡在鐵屋子裏的人們"（魯迅）。這種境況一直伴隨著新詩潮所走的荊棘之途，直至北島們感覺到"男人的喉嚨成熟了"的時候，才意味著與"文革"意識形態對立的批判性話語已經獲得了獨立、自我的表達形式，也明確標明了朦朧詩將要實現自己的話語表達。

　　但人們也注意到，朦朧詩的權力話語仍然具有被壓迫性，是邊緣性的表達，猶如多聲部交響樂中，那強大的音樂主題壓迫下不斷反抗、掙扎的副旋律。在一般情況下，一個社會的支配性話語總顯得更為完整，它之所以能夠上升到支配性地位，在於它能夠提供有關人與世界、人與自然的種種必要的解釋，將更多人的經驗納入一個共同體系之內。而非支配性話語是在同前者的對話中產生出來的，並且在很大程度上仍然是私人性質的，"每個人都像是說著自己的方言。"[3]我們以為，朦朧詩其話語表達的"私人性"和"邊緣性"也是明顯的：一，由於朦朧詩人作為支配性群體所面臨的壓力，以及本身不能承受的生命重壓，便只能以社會"邊緣人"的身份介入公共空間，難以成為整個社會意識形態

---

3 崔衛平，〈個人化與私人化〉，《詩探索》第 2 期（1994 年 2 月），頁 57。

的代言人；二，在權力話語結構中，朦朧詩難以擺脫被權力話語
所說與壓抑的命運，他們從個體心靈法則中生長出來的新異意識
和思想觀念，還不具有改變和拆解權力結構的力量；三，朦朧詩
獨特的處境、注重個體生存的邊緣狀態，以及對寫作的個人性、
話語的隱秘性和渴望家園的地緣性的深層關注，這種個體與群體
的疏離客觀上也難以成爲社會中心話語，並且還遭遇著歷史文化
的巨大壓力。或許還可以做進一步闡發，朦朧詩的“對抗性”與
“邊緣性”，在權力關係內本身就是一個悖論，而且還隱藏著生
命本體意義的危機：“‘邊緣’是一種自我放逐和心靈流亡。選
擇邊緣就選擇了自己的‘他者’形象，並準備爲這份‘孤獨’付
出選擇的代價。”[4]

　　由此可見，朦朧詩的“介入”雖是全方位的，但其收復的領
地卻是有限的。換句話說，朦朧詩的“介入”可能給一個平庸時
代帶來榮耀，並喚起一代年輕人英雄主義的激情，但因其邊緣話
語性質，並沒有更多的觸及權力結構本身，更少有深邃的理性能
穿透無處不在的權力關係。

　　因此今天看來，朦朧詩對權力的拆解，其實並沒有給我們帶
來更多有價值的思想。有意義的倒是，朦朧詩在特定的權力話語
結構中，它所表現出的“非常態”的表達方式和傳播策略，卻是
值得關注與分析的：

　　其一，朦朧詩詩人們自始至終極其重視詩歌的傳播方式與功
能，企圖以詩爲精神載體、以民間刊物爲媒介，開闢出一個新的
話語空間。“以詩爲媒”，曾經是我們這個詩的國度傳遞心靈資
訊的重要方式，以紙質媒體承載思想情愫也不鮮見於典籍記載。

4　王岳川，《二十世紀西方詩性哲學》（北京：北京大學出版社，2000），頁 564。

這些古老形式再次"復活"於20世紀世界現代文明史上，與其說反映了人們對於那種曆久彌新的浪漫傳播方式的傾心，還不如說它昭示了"文革"暴力歷史的黑暗。如《文化大革命的地下文學》一書中曾記載，70年代初期一度活躍的"趙一凡沙龍（1970～1973）"、郭世英的"X小組"、張郎郎等人的"太陽縱隊（詩歌沙龍）"、"白洋澱三劍客"、"軍旅通信沙龍"、"北京二中知青詩歌圈子"等，這些沙龍組織大都出現在"文革"最混亂時期的"法制真空"中，他們的存在形式是自發而非通過組織形式形成。在部分知青中，由於處地偏僻，久居鄉村，生活群體相對穩定，他們以地下閱讀爲發端，逐漸構築起一個寫信、寫日記、寫詩歌的"文學圈子"，並且以"地下"方式開放性地傳播思想和精神，形成"白洋澱詩歌群落"。他們"在1973～1974年之間最終匯流於'現代主義'旗幟之下，而且很重要的是，他們以自己的詩歌寫作據守了這個時代理性精神的高度，展示了他們對暴力、迷信、愚昧與專制的決絕和批判，以及他們對人生對世界的自由理解和獨立思考。"[5]

　　"今天派"時期，朦朧詩儘管已部分地被體制文學所接納，但他們仍然認爲在相對於腐朽的美學傳統和詩歌秩序這一點上，民間刊物依然是一種獨特的存在，可以構築起一個以"對抗"爲共性的"先鋒性"詩歌的民間詩壇。至於民刊的特殊意義在哪里？《今天》成員李南在接受廖亦武等的訪談時曾作出解釋："曾經有一次，在我們家跟李陀說過。李陀當時覺得其實現在門已經開得很大了，爲什麽還要有民刊呢？我就跟他說，魯迅先生有篇文章說，因爲有人要求揭房頂了，所以才開的窗戶。如果沒有這

5　張清華，〈黑夜深處的火光：六七十年代地下詩歌的啓蒙主題〉，參見《當代作家評論》第3期（2000年2月），頁30。

些人在前頭揭房頂，有你們的今天嗎？有你這個所謂的開闊嗎？沒有這些人在前頭開路，你們怎麼可能有這種開放的形勢呢？"[6] 顯然，朦朧詩人是把詩和民刊看作是特殊的話語系統，並且是具有特殊的權力功能指向的。

在從"地下"到"地上"的浮升中，朦朧詩還注重話語傳播的策略，以《今天》為例，它創刊的時代背景，那是一個人民積壓多年的心聲需要表達而又在正規管道得不到表達的特定關口。《今天》的創辦者們估量了這一形勢，鼓勵作者在國家刊物上發表作品，但前提是必須使用在《今天》上使用過的真名或筆名，以提高《今天》的知名度，其目的是最終有效地融入中心話語圈，避免"失語"而無法進入公共話語空間。據有關資料，《今天》自創刊至被迫停刊，共出了 9 期正刊、4 本《叢書》（詩集和小說）、3 期"非正式刊"，而且在短短兩年時間裏，通過若干朗誦會，詩人、讀者、編者交流會，各民刊聯誼會，以及同各界群眾和讀者的通信聯絡，產生了廣泛的社會影響。

其二，朦朧詩注重話語形式，竭力以"叫喊"的方式放大音量，從而爭取最大程度的"回聲"效果。自新詩潮湧動之初，作為民間話語性質的朦朧詩就一直嚮往著自由地表達，嚮往著話語權力，也嚮往著像體制文學一樣"合法化"，然而他們的話語權與生存權一樣，根本就操縱在權威和體制手裏，真正意義上的"思想"因其"異端性"而喪失了介入公共話語空間、成為主流話語的可能："存在的僅僅是聲音／一些簡單而細弱的聲音／就像單性繁殖的生物一樣"（北島：〈白日夢〉）。朦朧詩後期的"今天派"意識到了這種尷尬，所以一批又一批詩人在自己的宣言和詩作

---

6 廖亦武，《沉淪的聖殿 —— 中國 20 世紀 70 年代地下詩歌遺照》（烏魯木齊：新疆青少年出版社，1999），頁 365。

中，越來越誇張地放大自己的音量，追求盡可能多的回聲效果。
他們甚至相信，詩歌只有一種發聲方式，那就是"喊叫"。於是
我們越來越多地看到這種風格的詩句："告訴你吧，我 — 不
— 相 — 信！"、"黑夜給了我黑色的眼睛，我卻用它尋找光
明"，或者"爲開拓心靈的處女地，走入禁區，也許 — 就在那
裏犧牲，留下歪歪斜斜的腳印，給後來者簽署通行證。"這些蒼
涼大語都是喊給權力話語聽的，這種"邊緣人的放歌"某種程度
上確實是一次蓄意、大膽的挑戰。

當然，正如一些詩歌批評家們所指出的,隨著社會對"文革"
反思的不斷深入，特別是中國逐漸接續上全球性的現代化道路，
朦朧詩的"喊叫"也越來越呈露其偏激狹隘的面目，他們爲爭取
話語權力而過分誇張的非理性激情和玄虛架勢，不僅阻礙了它對
權力關係的深層穿透，從而削弱了它的啓蒙價值，而且還造就了
大批效尤者進而加速了對朦朧詩的"反動"。並且，這種歧義性
的"權力意識"，一定程度上構成了阻礙中國現代詩歌進程的新
的危機。

其三，從外部風景看，朦朧詩注重與非文學力量合流，自覺
與哲學、政治學、社會學及其他文學藝術一道共謀切入公共話語
空間，力圖以時代話語的形式擠進中心話語圈分享其話語權力。
朦朧詩人從自身的歷史以及與權力結構的關係中發現，在當代世
界，以一個個體的力量要爭取到發言權的機會幾乎是零，這是政
治生活對詩歌生態的影響，百年中國歷史的結果之一。所以詩人
既要保持個人寫作的獨立性，同時還必須借助群體的力量來發佈
自己的聲音。與此相關，朦朧詩人還意識到，在政治權力面前，
僅僅以詩的形式其實很難起到對權威意識形態的擠兌作用，擺脫
這一尷尬處境的最好辦法，就是勇敢地拋棄詩歌的"特權"地

位，自覺與科學、哲學和藝術等相攜手，並匯集時代主潮、政治
運作、社會訴求和民眾願望共同改變現實，同時又堅持詩歌藝術
的純潔本質。

　　僅以朦朧詩與哲學 "共謀" 爲例，眾所周知，西方哲學的引
進和傳播，在新時期思想解放和社會變革運動中曾產生過積極作
用和深遠影響。例如，20 世紀 80 年代初在全國範圍內開展重評
人道主義和異化問題的討論，哲學界便以西方有關 "人道主
義"、"異化"、"主體性" 的思想，觀察、闡發當代中國現實
問題，從而在較深的層次上觸及了當代中國在社會發展過程中，
特別是在 "文化大革命" 時期存在的 "非人性" 和 "反人道" 問
題，對當時的新啓蒙思潮提供了思想利器。朦朧詩便主動與這種
哲學之 "思" 交相呼應，以 "歌" 和 "哭" 的審美形式，在詩歌
中確立人的價值和尊嚴，豐富 "人" 的主題內涵，從而合力性地
啓動了時代性話語。

中國電影百年中的女性圖像

　　女性主義是文化語境的產物。這一重要的理論資源，沿襲的是 1980 年代後期開始介紹、1990 年代得到進一步傳播的西方當代女性主義理論。1990 年代大陸學界對這一理論的接受側重於兩點：一是性別差異理論　，它解構了啓蒙主義意義上的“中性”的“人”的概念，認爲女性在社會與身體經驗、文化構成和主體想像上都不同於男性，當人們以普泛性的“人”來談論問題時，實際上他們是潛在地以男性爲標準來構造“人”的想像，從而在社會、文化等各個層面上對女性的差異性和獨特性進行壓抑。二是性別身份的文化構成論，它始於西蒙·波伏瓦所說的“一個人之爲女人，與其說是天生的，不如說是形成的，”並進而以“sex”（生理性別）和“gender”（社會性別）來闡釋女性性別身份的文化構成，以打破長期以來的性別本質主義觀點。[1] 類似的觀點成爲 1990 年代闡釋和評價女性意識的重要理論，同時也成爲批評界的基本立場。

　　影視生產作爲大眾文化的一枝，當它以有聲有色的畫面展示社會生活、創造詩意氛圍、塑造人物性格的同時，還以充滿藝術感染力的符號話語傳遞著某個時代的觀念。女性觀念屬於意識形態，它不僅具有身體的性別意味，而且具有豐富的社會文化內涵。

1　李復威，〈九十年代女性文學面面觀〉，見《文藝報》1998 年 6 月 18 日。

在影視文化傳播領域，值得我們關注的，是透過一個世紀以來多姿多彩的影視畫面，藉以辨析女性觀念的嬗變過程，並分析由於時代觀念的變遷，可能對女性觀念傳播帶來的深刻影響。

電影藝術傳入中國，大約一百年的時間。正如早期電影是無聲片，1920 年代的電影在女性觀念傳播方面也處於“失語”階段 —— 女性形象只是作爲電影創作的“道具”，不僅人物性格非常模糊，而且也缺乏足夠的時代內涵，根本談不上自覺的女性自我意識。如我國早期故事片《海誓》，突出表現了歐化小資產階級的藝術趣味，以新式戀愛、一派洋味的佈景仿效西方式的形式主義。其中女主人公名叫福珠，是一位美貌摩登的少女，她與窮畫師周選青相愛，私訂終身；後又爲表兄所誘惑，並與其在教堂舉行婚禮，在互換戒指時她忽然念及前誓，毅然投奔畫師。畫師怒而拒絕，於是福珠投海自盡。幸而畫師趕到，最後倆人終成佳偶。在早期的影片中，編導們關心的還只是如何敍述故事，以及如何運用鏡頭造成光怪陸離的影像效果，還很少顧及觀眾鑒賞中的意義領悟與心靈共鳴。

在電影藝術的初創階段，中國第一代編導需要摸索的是藝術形式和製作技術本身，似乎還無暇涉及鏡頭以外的更廣闊的社會空間。不過，中國電影很快就走出了這一尷尬，20 世紀 30 年代以後的影片不僅能夠比較自由地運用電影語言，更爲重要的是電影人已經開始積極探索對社會和人生的思考。

今天看來，1930 年代以後的電影文化由於時代的局限性，由此反映出來的女性意識仍呈現出混雜、多元，而又無所適從的意向。一個顯著的特徵是，20 世紀 30～40 年代影片塑造的女性形象，如傳統的賢妻良母型、舶來的新潮女性、沉淪的交際花，或介於傳統與現代之間的知識女性，雖然形象各異，類型繁多，但在編導的創作意念中這些女性都缺乏構成"典型"的啓示價值，無從肯定，而只是作爲女性形象的一類而已。即使是一些"叛逆"女性，她們或走出封建家庭，或追求新的生活，儘管已表現出某種獨立性或主體性，一定程度上反映出 20 世紀 30～40 年代人們對女性問題的思考和進步追求，但由於整個社會仍然存在"娜拉出走以後怎麼辦？"的普遍疑慮和矛盾性，所以女性的叛逆雖然勇敢、悲壯，但很難說已真正確立獨立的女性意識。在當時的社會環境下，一個女性要在這個世界上獲得自己的位置是不現實的，她們的自我覺醒和自我探索也非常朦朧，因此直至四十年代後期的影片中，仍然不能塑造出一個真正自覺的女性形象，而影片給予社會最強烈的震撼只在於女性在男權社會中的悲愴感，以及無從擺脫的強烈的命運感。較爲突出的例子是拍攝於 1947 年的《一江春水向東流》，影片雖然刻劃了三個不同類型的女性，但她們在同一個男人（張忠良）宿命般的主宰面前，都喪失了應有的自我意識。也許影片的主題不在這裏，但從中折射出來的深層文化意涵，卻不能不使人聯想起女性在當時的社會情景中普遍存在的無奈、脆弱的處境。

　　1949 年以後，大陸女性和男人一樣唱著《東方紅》，當家作主站起來了。與此同時，中國女性自此以後，整個社會卻偏面地把"男女平等"理解爲女性"男性化"，抹殺了女性的生理特徵和男女差異，以至形成"中性化"和"男性化"的文化情景，這是一個普遍存在的事實。當時最流行的口號是"不愛紅妝愛武裝"，可見社會在觀念上已把女性意識（"紅妝"）看做是需要剔除的"小資情調"，這無疑導致了女性在社會和身體經驗、文化構成和主體想像的嚴重缺失。1950 年代以後的電影，女性形象更多地反映出來的是一個個"準男人"，女性意識泯滅了，代之以另一個更光榮的稱呼 ——"勞動者"。

　　時代塑造了"新女性"。在當時的社會環境中，女性的社會角色在特定的時代氛圍裏"畸形"生長。她們作為女人的一部分明顯屛弱，甚至穿著打扮也開始遮掩天然的性別身份。但問題是，女性的社會性別意識或"女權"，是不是由此就達到了理想之境？她們對於真正意義上的天賦人權有沒有掌握在手中？對於這種超越時代的詰問，無論是女性自身或電影的編導們都無法給出更深的思考。如著名影片《李雙雙》，女主人公李雙雙在"翻身解放"後，不滿於大男子主義者的丈夫對她的稱呼 ——"俺家裏的"或 "俺家裏做飯的"，試圖在勞動中找到主人翁地位，引出了一幕幕生動的喜劇故事場景。經過一系列戲劇衝突後，夫妻雙方怨氣頓消，家庭扣結解開，影片以反諷的方式批評了男權優越的社會意識。以《李雙雙》為代表的 20 世紀 50～60 年代的影片，女性形象基本上都解構了女性身份意義，女性美讓位于所謂心靈美，性別體驗讓位於社會責任感，似乎在此時的時代話語中，女性情態必然是與社會理想所抵牾的。又如影片《青春之歌》中的林道靜，從一個小資產階級知識份子脫胎換骨為革命者，實際上也寄寓著這個潛在結構，在當時的編導者看來，只有"女性"、"母性"的特點在革命的熔爐中化為灰燼，才能真正換來精神的煥然一新，從而譜寫獻身理想和事業的新篇章。

　　文革十年，女性觀念基本上被看作是毒蛇猛獸。正如女性的服裝和集體主義行動所標榜的那樣，反映在電影中，特定的時代已將女性的性別意識和個性意識徹底消解了。她們不再有線條、浪漫和優雅氣質，換之以口號、鬥爭和"鐵姑娘"的集體稱呼。這時，愛情已成為遙遠、塵封的記憶，"性"已被逐出辭典，女性的社會角色和個體角色完全模糊了，紅、綠、灰色成了生活的主色調,總之這是一個集體性地幾乎喪失了女性概念的特殊時代。

　　沒有女性特質的女性,根本談不上女性的性別自覺。文革影片書寫的“女”字,實際上完全中性化了 —— 她們已消失了個人成長、歷史記憶和現實處境的獨特之處,她們已淪爲時代傳聲筒發出的口號,是社會性、政治性、道德性話語在女性形象身上的復活。因此我們看到,文革電影中的女性形象基本上是模式化、概念化的,不僅割裂了與歷史文化的關係,也排棄了任何人性化的訴求。有意思的是,文革中許多電影是 20 世紀 50～60 年代電影的重拍,但在女性內涵方面卻做了更爲徹底的去除。如果說文革前的電影還曾經有非常模糊的愛情描寫的話,那麼現在編導們已經乾淨地清除了觀眾對“情”字的任何聯想,於是那些女主人公都是那些或犧牲了丈夫(如阿慶嫂),或不知其婚否(如柯湘、江水英等)的角色,更不用說在鬥爭生活中可能發生愛情事件了。例如,在 1950 年代故事片《白毛女》中,喜兒和大春之間還有戀情關係,但文革改編、重拍成同名電影舞劇時,這種關係已完全被去掉了。愛情作爲女性意識的重要載體已被封殺,女性身份逐漸泯滅,乃是文革影片和整個社會女性意識嚴重匱乏的主要特徵。

　　但是,女性意識畢竟是一種自然的社會存在,性別也是一種文化話語。當文革以一種極端的方式,將社會性、政治性和道德性話語形態遮蔽了“女”字幾千年形成的文化積澱,那麼終有一天歷史會將它顛覆,並恢復到“自然”的狀態。進入新時期以後,影視以撫摸“傷痕”爲開端,在“改革”的歷史性浪潮中重新追討“人性”、“主體性”等啓蒙主義話語成爲一股時代熱流。

　　新時期影視在“探索”的名義下,緊跟著時代的節拍。爲匡正 20 世紀 50～70 年代電影文化的極“左”傾向,影視經歷了一次重新“發現”女性性別文化心理的變遷。人們認識到:忽視男女差異，要求所有的女性都"男性化"或成爲"準男人"的審美標準，實際上並不意味著真正意義上的"男女平等"，而仍然是從男性視角出發塑造女性，因而同樣是男子中心主義的表現。於是在特定的反思性語境中，影視中的女性形象重新挖掘了女性性別的文化身份，又恢復了溫柔、體貼、富於獻身精神的"女性"或"母性"的特點。但是，對於上世紀 80 年代的女性意識，李複威先生曾冷靜地指出："上世紀 80 年代儘管在一定程度上對 20世紀 50～70 年代文化忽視男女差異的現象有所糾正，但對性別的理解一方面被一種中性化的人道主義話語覆蓋，另一方面對女性的理解卻是在一種傳統的'男女有別'意義上的性別本質主義看法，將'女性的'等同於'感性的'、'富於浪漫精神的'、'溫柔的'諸種限定。"[2]抑或說，上世紀 80 年代影視反映出來的女性意識，實際上仍然止步於傳統女性的性別文化階段上，並沒有超越上世紀 40 年代對於女性意識的認識高度。

　　20 世紀 80 年代中期，隨著人們觀念的進一步更新，以及西方"女權主義"理論資源的引入，融合了時代性的理想主義的女性意識得以進一步擴張。這裏特別有代表性的，是劉曉慶塑造的一系列女性角色所書寫的大寫的"女"字。作爲大陸傳媒時代第一位真正的"明星" ── 不管今天人們怎樣評價 ── 劉曉慶不僅用她的精湛演技塑造了個性鮮明的女性角色，更爲重要的是她以時代新女性偶像的形象，啓示了女性意識的社會能指性 ── 當然她也因此而招致了種種批評、敵視和歪曲性的接受。人們注意到，無論是劉曉慶扮演的"鳳在上，龍在下"的慈禧，還是上世紀 30年代一女侍二夫的春桃，或者是敢愛敢恨的金子，她都用強烈激情賦予了人物濃郁的女權色彩。可以說，劉曉慶是中國影視文化

---

2 李復威，〈九十年代女性文學面面觀〉，見《文藝報》1998 年 6 月 18 日。

史上以身體語言和個性話語，從感性和理性兩個層面洞指和揭穿女性深廣的"自我"乃至"超我"之第一人；她以理想主義激情企圖摧毀數千年來女性遭受的社會和生理壓抑，沖決情感乃至情欲的文化堤岸，這雖然像堂吉訶德手持長矛刺向假想敵人那樣帶有理想色彩，但確實給當時勃興的女性意識添加了"興奮劑"。無疑，這種"異質"成分是中國傳統女性文化所特別被抑制的部分，因而也特別具有啓示性價值。

隨著肇始於 80 年代後期並延續至今的社會轉型，以及以張藝謀、陳凱歌爲代表的第五代電影人對影視文化的探索達到的深度，"女性意識"在整個社會的商業化進程中處於一種眾聲喧嘩的狀態，並被提供了多種表達和傳播管道。在這一轉型過程中，女性文化的傳統開始斷裂，但同時也爲多種"實驗"和創造提供了可能。

90 年代的女性意識是在現代性的語境中得到展開的。女性在現代社會中找回了性別和社會的"自我"，並獲得了個體性的解放。然而一旦女性意識作爲一種獨立的要求獲得表達形式，隨之而來的是也構成了與傳統男性文化的緊張關係。作爲對這種新的社會現象的敏感回饋，1990 年代的影視從多個側面側面觸及了這個問題。我們認爲，有關女性影視的三大主題 ── 性、婚外戀、無依和飄忽感，與其說是越軌性的遊戲與時髦，不如說指認了現代女性覺醒後面臨心靈失重、失措後的行爲"寫真"。

1995 年以後，由於一批有實力的女作家加盟影視圈（如鐵凝、王安憶、范小青、池莉、方方等），影視文化中那些因性別差異而來的個體、社會、歷史、都市、民族的獨特性獲得了充分的表現。以池莉爲例，她似乎更加關注現代生活中的家庭與婚姻關係，因而她筆下最能引起人們共鳴的，是那些受社會轉型期影響最深的中年男女。正如她自己所言："男人和女人們都是在尋求一個答案：要在這個世界上博得自己的位置後，平起平坐……女性自我意識的覺醒是近年來隨著改革開放才漸漸萌發的，我的小說想提示的就是當下女性意識的自我覺醒與自我探索。女人原本不認識女人，認識自己最不容易。"根據池莉小說改變的影視作品多以較爲深省的性別意識形態內涵爲主要特徵，我們雖然看不到驚世駭俗的身體經驗的披露，但其敍述內容的選擇，對人物、情節及主題的不同以往的處理方式使我們分明感受到作者的性別反省和性別體驗隱藏在其中。池莉作品也經常寫愛情，但愛情本身又只是女性意識的載體，或則是對大眾影視文化的投合："我的作品僅僅是寫女性意識的萌動。男人只是一種啓動，一把鑰匙，靠男人的一次行爲，開啓了女性意識深處的一扇門。因爲女人的醒悟只會來自於心痛的時刻。"《口紅》的編劇張永琛也表示：電視與小說相去甚遠，但目的都在於通過家庭婚姻問題來解釋現代人的困惑與迷茫，希望電視劇能給觀眾對女性問題提供多一份理解、關懷和思考。[3]

　　90 年代以來的影視文化所傳播的女性文化觀念，仍處於不斷探索階段，或者說只是一種飄忽不定的觀念。但值得關注的是，受港臺影視和流行文化的影響，近年來影視中呈現出來的"小女人"風格，將女性限定在家庭和室內的"絮絮叨叨"、感性而美麗、體貼而溫順中帶一些調皮的"小女人"情態，儘管具有較大的商業市場　，但是不是一種取悅大眾的媚俗呢？影視要面對市場的選擇，但是否就表示它們一定要與媚俗和低俗同行呢？確實如一位批評者所指出的那樣：與其說那些標明了"性別"的影視

---

3 袁小可，〈池莉小說傳播現象論〉，《上海師範大學學報》第 2 期（2001 年 4月），頁 80。

作品表達了獨立的"女性意識"，不如說它們在相反的意義上印證了傳統男權文化的強大與"深入人心"。

　　2001年《文藝報》曾載文討論影視中的女性形象，雖沒有達成一致意見，卻同樣令人關注。有些學者擔憂，當前影視作品中的女性形象是否"集體陷落"了，以致女性意識在不斷高呼女權的今天卻反而倒退、落後了，這真具有反諷意味。無庸諱言，在許多作品中，尤其是古裝戲中，男尊女卑的觀念仍很流行，以大男子主義為美，以欣賞的眼光描寫男人對女人的佔有與褻瀆。"男人都是'爺'，走江湖，打江山，刀光劍影，威風八面，女人只不過是他們的戰利品，是他們'拳頭'天下的'枕頭'，是他們欲望的犧牲品。"[4]即使是比較優秀的電視劇《大宅門》，其反映出來的女性觀念仍然是陳舊的，甚至是腐朽的。人們有理由提出質問：電視劇給主人公白景琦貼上愛國主義"標籤"，就能遮掩他骨子裏腐朽的男權觀念？一夫馭四女，是不是表現出編導對逝去舊夢的欣賞和懷戀，激賞男人那種橫掃裙衩世界的威風？近幾年來，大寫的"女"字逐漸在刀光劍影和輕歌曼舞中萎縮，這才是真正可怕的觀念倒退。

　　現代高科技空前發達，影視藝術可以把時間、空間、現實和想像統統糅合在一起，隨心所欲地運用光線、色彩、音響等各種各樣的效果製造夢幻，再加上當代影視明星個性化的表演，現代影視更有巨大的表現空間。中國電影藝術曾經傳播過不同歷史、文化語境下的女性意識，回眸歷史，我們看到了社會文明的進程；展望未來，我們期望影視作品能反映更進步和完美的女性觀念。

4　張德祥，〈2001年電視劇管見〉，《中國電視》第2期（2001年2月），頁50。

傳播視野中的 "俗文學"

—— 以吳地為中心

　　吳地俗文學[1]紮根於當地自然和人文的風土，在漫長的歷史過程中逐漸形成自己的特色。它在中國文學史上的地位是顯著的，影響也十分久遠，例如，吳地民間歌謠即吳歌，在歷史上被稱爲 "吳歈"、"吳吟"、"吳聲"，對我國六朝及唐宋詩歌創作產生很大作用；吳地的民間故事也曾影響過明清之際的通俗小說創作。就近而言，吳地俗文學還與 "五四" 以後的新文學關係密切，20 世紀 20～30 年代許多著名文藝家都從吳地豐富的民間文學中汲取養料，創作了大量不失吳文化格調的文學作品以及膾炙人口的通俗歌曲、言情武俠小說等等。

　　鑒於吳文化孕育下的俗文學別具特色，且具有從未間斷的悠久歷史，因而對於它的研究具有重要的學術價值。本文擬從文化傳播學角度，探討吳地俗文學之發生與發展，以及與此關聯的各種社會經濟、歷史文化等因素。

一、稻作文化：俗文學傳播的 "無形之手"

　　按照丹納的藝術觀，一個地域的文學藝術通常與當地的原生

1　吳或吳地，是一個地區概念，大致包括江蘇的南部和浙江的西部，也就是包括上海在內的整個長江三角洲地區。吳文化是指吳語地區的區域文化，吳歌是吳語地區傳唱的民歌。

環境（包括自然和人文的環境）存在密切關係。天氣、地貌、景觀等作爲生態文化資源，往往給當地文學藝術鐫銘獨特個性，並對其發生和傳播起著無法替代的作用。這已經被許多鮮活的案例所證實。吳語地區位於長江下游的太湖流域，是亞熱帶與暖溫帶的過渡地區，氣候溫潤，土地肥沃，物產豐富，河港塘浦縱橫，湖泊棋布，素有“水鄉澤國”之稱。這裏是我國最早培植水稻作物的地區之一，現在仍是東南地區典型的水稻生產區。稻米，不僅是當地賴以生存的必需品；同時，一種以耕作水稻爲生產方式，以及由此形成的生活方式和傳統觀念，也構成了吳地最大的區域文化特徵 —— 稻作文化。可以說稻作文化對於吳語地區的生產和生活方式，以及吳地民間信仰和文化心理之成型，都產生了不可低估的深刻影響。

　　稻作文化表現在生產形式上，涵蓋著一系列精細而繁重的勞動。按照江南地區的生產特點，稻作生產至少包括播種、蒔秧、拔草、耘稻、施肥、車水、收稻、打穀、牽礱等工序，另加其他一些以小農經濟爲特色的自給自足生產，如栽果種菜、捕魚養殖、修田蓋房等等。如果考慮到中國農業社會的特點，還應該看到在當時特定的社會條件和生產能力的制約下，江南雖然有其他地區所少有的多種經營條件，但當地主要生活來源仍然是土地的產出，因此人們的悲苦與歡樂、喜悅與憂慮無不與腳下的土地緊密相連。另外，舊時科學不發達，農業豐歉，天時是一個很重要的因素（所謂“靠天吃飯”），而吳地大多種植單季稻，孕穗時間正好在六、七月間雨水最稀少的季節，所以吳地百姓的內心喜憂又與自然的天候狀況相聯絡。於是我們看到一些最樸素的吳歌，多爲反映個人生活遭際的直白和感懷：

　　　　田底崩圻稻田黃，

　　　　車水人眼裏淚汪汪，

　　　　水牛落水又起水，

　　　　車水人勿及水中牛。"[2]

　　同樣類型的歌謠很多，可以說它反映了吳地俗文學的原始形態，同時也折射出吳地稻作文化的諸多側影。高爾基說過：如果不瞭解勞動人民的口頭創作，就不可能瞭解勞動人民的真正歷史。吳地歌謠雖然象許多其他俗文學文本一樣，屬於即興文學創作，但其蘊涵的對於自然季候的感遇和勞動過程的體驗，卻深刻地展示了民間百姓生活和心靈的 "歷史"。 "勞者歌其事，饑者歌其食"，吳地俗文學實際上記載了一部立體、感性的區域文化史。

　　吳地俗文學有別于文人創作，是所謂高雅文學的 "異類"、"另類"。它的 "民間性" 決定了俗文學以另一套話語系統展開自己獨特的敍事或抒情，它並不簡單地以知識份子給定的概念或邏輯去考察和評判。可是迄今爲止，我們的學術研究還很少深入 "民間性" 的本體中，即用真正意義上的民間立場、民間心理觀照俗文化。由此反觀俗文學，這類素樸的歌謠單從藝術性而言，似乎是對勞動實況的白描，因而還罕有主客體交融的藝術魅力，但誰又能否認：正是這類缺少修辭文采和敍事策略的 "杭育、杭育" 的 "歌者"，唱出了後來蔚爲大觀的偉大俗文學史？

　　吳地固有的自然資源歷經開發利用，至唐宋後已有長足進步。據史料記載，蘇州地區稻穀畝產唐代爲 138 公斤、宋代爲 225 公斤、明代爲 333.5 公斤、清代爲 277.5 公斤，稻作生產總體上呈上升態勢。正是由於單位產量的提高，吳地才能在人多地少、

―――――――――――――――

2 吳歌學會，《吳歌》（北京：中國民間文藝出版社，1984），頁 44。其他論文中引用的吳歌均見本書。

人增地減的情形下，仍然一直保持著商品糧供給，被稱爲“國之倉庾”。1972 年在河南洛陽發掘出隋唐含嘉倉，就有來自蘇州的糙米一萬多石。[3]這些歷史資料表明，由於吳地傳統農業耕作制度的不斷改革，以及隨之形成的獨特的農學思想、農田水利、因土種植、改良土壤、增肥改土、耕作技術、間夾套種、精細管理、病蟲防治、經營方法、多種經營等，終於在此基礎上形成了具有吳地特色的經濟形態和風物景觀，而由稻作生產模式滋生出來的稻作文化，也在歷史性的傳承、發展中被賦予了越來越豐厚的文化內涵。

　　一些專家從中國地域文化比較中還提供了這麼一個獨特的考察視角：由於吳地稻作文化的不斷發展，以及江南“天高皇帝遠”的地域特點，吳地鄉鎮不像北方地區那樣對於政治文化投注過多的熱情，對專制統治也往往選擇遠離、躲避的生存策略。他們把主要精力投入到開發自然資源、經營貿易經濟、創造傳統工藝等方面，於是在這塊浸淫著深厚稻作文化底蘊的土地上，逐漸構建起一種不可替代的文化現象——即以“市隱”、“鄉隱”爲特色的吳文化現象。近年來，有不少海內外學者都在關注這一饒有意味的“江南現象”，雖然說法不一，但歸結起來爲：所謂“市隱”、“鄉隱”，特指一個特定的時期內顯性統治文化以外的亞文化，它以江南文化爲代表，以務實、創新爲品格，與北方政治文化形成對立互補關係。它的形成和發展，極大地推動了中國經濟和文化的發展。

　　在我看來，吳地獨特的文化品格對於俗文學的生長和傳播，具有十分深遠的影響。僅從近人顧頡剛、胡雲翹等採擷的吳歌和

3　石琪，《吳文化與蘇州》（上海：同濟大學出版社，1992），頁 198。

1949年以後收集到的長篇敍事作品中，我們可以看到一個重要文學現象：吳地俗文學鮮見"時政類"題材的文本，迷唱的內容多與人們實際生活相關，如經驗世故、人生悲辛、掌故傳聞、生活哲理和家庭倫理等。時政類題材的稀缺，不能簡單地歸結爲是吳地民間講唱者能力所限，而應該從更深廣的背景上即我們常說的"社會風俗"、"社會風氣"去認識，似乎才貼近問題的本質。"市隱"、"鄉隱"其本義便在於對政治話語的遠離，那麼對於講唱者來說他們的文學注意力就必然在疏離主流話語之後實現轉向，隨之一些新的俗文學領域會得到充分開掘。

"吳聲自古多情歌"，這與其說是"水土多情"的自然現象，不如說是民間注意力轉向的結果。"情歌"，堪稱吳地俗文學一份寶貴資源。它的風行、繁衍，竟是在禁欲主義十分張狂的封建時代實在是一個奇蹟。這裏，不能不提到馮夢龍在吳地俗文學傳播過程中所做出的特殊貢獻。作爲一名對民間認識至深的藝術家，馮夢龍真正徹底的站在民間立場，探索著愛情能使"死者生之，生者死之，情之能使人一至於此"的底蘊。他是吳地俗文學特別是情歌的集大成者，他的貢獻不僅在於他對吳地俗文學的廣羅收集和獨特的民間寫作，更表現爲他開闢、引領了吳地俗文學發展的路向。自明之後，吳地俗文學走上了自覺之途，並以鮮明的吳地風格成爲中國文學的獨特一幟。吳地俗文學傳播在稻作文化"無形之手"的助推下，越來越趨向成熟。

二、民間信仰：吳地俗文學的"古老傳媒"

在考古學家和文化人類學家的著作中，有很多考察的材料表明：宗教信仰與文學藝術的關係極爲密切。從數萬年前的舊石器時代開始，原始時代的獵人爲了獲得獵物而進行的巫術活動，已經有意識地運用繪畫、雕塑、舞蹈、咒語、詩歌等具有審美意味的方式了。

任何宗教信仰都需要一種表現自己的載體，藉以馳騁心靈的幻想，從而攫取信徒的感情寄託。從宗教發生學角度考察，信仰本質上是一種虛幻的超自然的神秘體驗，在傳播人間的複雜過程中，必然要以某種具象的力量使人膜拜。顯然，這種膜拜帶有很多人的感情成分。在宗教儀式進程中，文學藝術的諸多門類，如繪畫、雕塑、舞蹈、音樂、咒語、贊詞等都神秘地參與，並擔負著一種特有的激發人情緒的作用。詹·喬·弗雷澤在《金枝》中提出過一個饒有深意的問題，他說："音樂對宗教的影響倒真是一個課題，值得平心研究一下。因爲我們不能懷疑，一切藝術中這個最親切動人的藝術在表達宗教感情乃至創造宗教感情上起了不少作用，所以初看起來它似乎只是爲宗教服務，它卻或多或少地修改了信仰的結構。"[4] 其實，除了音樂這一訴諸聽覺的藝術外，宗教儀式中的詩歌和唱詞也起著不可替代的作用：它們不僅在儀式中直接喚起信徒的語詞聯想，同時也伴隨音樂、舞蹈等藝術抒發超塵脫俗的詩意情感。這兩方面功能，後來逐漸從信仰儀式中獨立出來，拓展出新的文學維度，成爲俗文學中具有信仰意味的兩種類型：神歌和宗教戲劇。

神歌恐怕是最具信仰特質的詩歌，它不僅參與、伴隨儀式的整個進程，而且本身還是通神的工具。在古代乃至現代的民間信仰活動中，唱神歌都是必不可少的手段：請神要唱神歌，娛神要唱神歌，送神還要唱神歌。吳語地區的贊神歌《發符》中有兩句歌詞說明了這個原因："若要功曹歡喜，聽表生身出世"。也正

---

4 姜彬，《吳越民間信仰民俗》（上海：上海文藝出版社，1992），頁 164。

是由於信仰儀式進程的繁雜性，使神歌呈現出多種生存環境下的普泛性；另一方面，由於 "不管哪個民間信仰組織中請神，都要唱所請神的出身來源，就是他的身世，否則神就請不到。所謂請神歌，就是把神的出身來源頌揚一番，來討神的歡喜。除了請神歌外，還有許多在祭祀進行中間，串插進去唱的大部神書，這些也都是關於神道的故事，是用來娛神的，同時它也具有娛人的作用。"[5]吳地民間信仰品類繁多，神祇譜系龐雜，客觀上為神歌的傳播提供了優越的條件，所以吳地俗文學中的神歌數量之多是令人驚異的，這從一個側面說明，民間信仰與俗文學之關係是相當密切的。

在吳語地區還有一類宗教戲劇，如用於酬神、娛神的 "目連戲"、"僮子戲"、"醒感戲"、"鬼戲" 等，它們原來差不多純粹也是為宗教的目的演出的，屬於驅鬼消災的信仰儀式的重要部分，但在走向民間過程中，其宗教的意義逐漸弱化，審美、娛樂的功能卻被分離出來，成為具有俗文學價值的新的文學品種。吳地宗教戲劇在傳播過程中逐漸被剝離、演化出大量俗文學作品，這一現象本身已說明：隨著民間信仰的世俗化進程，文學的功能是有可能與宗教的關係被顛倒過來，並獨立城為具有純粹審美意義的形式的。我們看到明清以後的民間宗教戲劇，實際上已很少信仰的成分，它只是借助宗教戲劇娛神的外衣，在行尋求美感、娛人娛己之目的。例如在吳地演出僮子戲時，演員為了調節觀眾情緒，在某些時候竟不顧宗教戲劇的神聖性，還會穿插純粹是世俗化的、甚至是色情內容的一些唱段了，他們名之謂 "打蓮花"。

---

5 姜彬，《吳越民間信仰民俗》（上海：上海文藝出版社，1992），頁 166。

　　傳統民間信仰在歷史傳承過程中，往往會積澱成某種地方文化，持續地影響後來的文化創造，特別是俗文學的維度開創。這幾乎已爲各地反映出來的文化現象所證實。吳地自古以來就是具有多神信仰的地區，同全國其他一些文化區域相比較，這種信仰既有漢民族的共同性，又顯示出鮮明的地域特色。吳地民間信仰與當地俗文學的交融、滲透，一方面借托宗教儀式直接反映出來，另一方面又貫穿在俗文學的觀念形態中，演化成具有信仰意涵的內容和形式。例如佛教信仰的講經、宣卷，道教信仰的唱道情、唱因果等，後來流入民間，被民間藝人廣泛吸收和傳唱。

　　這裏，不妨進一步從吳地俗文學對民間信仰的吸收、借鑒關係，來考察一番吳地俗文學的維度開拓：（1）佛教信仰：以觀音信仰最爲普遍和深入，有關的傳說故事也最多。在這類故事中，觀音被塑造成善良、慈憫和法力無邊的化身，她基本上是按照女性的口味和願望重塑金身的；（2）道教信仰：吳地民間對八仙的信仰尤爲熱衷，八仙故事數量極爲可觀。這類故事不僅對八仙人物神化，充滿仙氣道術，而且情節生動、幽默，極有人情味。（3）鬼靈信仰：吳語地區流傳著許多鬼故事和不怕鬼的故事，這類故事爲民間鬼靈信仰增添了色調；（4）龍信仰。這與古代吳地先人崇拜龍、蛇，以蛇爲圖騰有關，可能也與本地區是稻作生產區難以分開，"稻禾離不開水，水之於水稻乃是不可或缺的東西，龍與水又是緊密不可分開的，龍能吸水入雲，呼風喚雨，因而吳越地區民間對龍信仰甚篤，有關龍的傳說故事花樣很多。"[6]（5）地方神和歷史人物神。吳地對巫術信仰和對五聖的信仰較爲普遍和深入，有關這方面的傳說故事不僅數量多，而且還顯示了本地

6　姜彬，《吳越民間信仰民俗》（上海：上海文藝出版社，1992），頁 635。

悠久的歷史文化傳統和鮮明的自然、人文特徵，在中國各地方文化中獨樹一幟。

除此以外，更具有深遠意義的是信仰觀念對俗文學的影響：它不僅賦予俗文學一種新的類型 —— 神話傳說，還給予這一類型以濃郁的浪漫主義色彩。如果說吳地神話傳說之所以在全國範圍內有典型性，那麼，我們不能不把它與當地悠久的信仰傳承聯繫起來。從現存資料看，吳地的神話傳說可以追溯到史前文化。創世神話描述的開天闢地、戰勝洪水猛獸的英雄，顯然被賦予了原始思維中神性的壯舉。之後，隨著人們的思維步入近代、現代的進程，古代帶有神秘主義色彩的信仰逐漸淡化，但其中蘊涵的文學素質卻被放大、繼承了下來，並成爲很有地方特色的俗文學類型。這裏特別具有論說價值的是中國的四大傳說，即《牛郎織女》、《孟姜女》、《白蛇傳》和《梁祝》。這些民間傳說本來是爲漢民族共同繼承的文學財富，但在吳地接枝開花、代代傳播過程中，當地的文化傳統、地域特色、信仰心理都參與了故事改造，加入了別有情趣的吳地內涵。例如《牛郎織女》，吳地傳說這個故事發生在太倉和昆山的交界處，這裏的 "黃姑廟" 據說是故事展開的遺跡，有關情節也多與吳地俗信頗有淵源。《孟姜女》不但伴隨著蘇州的 "春調" 傳遍全國，而且當地認爲萬喜良就是蘇州一書生，孟姜女則是松江人（舊屬蘇州府），孟姜女尋夫出蘇州城，過滸墅關，去嘉峪關，路途中的許多歷險都發生在吳地，直至今天在蘇州鄰近到處有她的悲愴足跡。孟姜女最後反抗封建統治者以表忠貞，投身太湖變成銀魚，那最慘烈的一幕，也是吳地俗文學豐富中國民間文學最爲動人的大手筆。《白蛇傳》主要故事情節發生在吳文化的邊緣地帶——鎮江，但蘇州民間卻有自己的文本拓展：白娘子和許仙在蘇州開保和堂藥店，演出了盡人皆知的悲喜劇，後來小青青流落昆山，一心苦練，要救出雷峰塔下的白娘子云云。顯然，吳地俗文學對中國神話傳說的豐富和發展，以及對於中國俗文學的維度開拓，其淵藪又可以推延到吳地豐厚的文化土壤，特別是蔚為大觀的民間信仰。

三、"露天舞臺"：傳播方式與俗文學興盛

　　隨著研究者對俗文學傳播的認識越來越清晰，人們今天已普遍認同這樣一個事實，即我們不能簡單地用文人寫作的模式，來闡釋俗文學傳播的實況。很顯然，民間傳播這個網路自成一體，以自己特有的方式運作，以自己特需的內容為資訊，在自己的體系中展開傳播。

　　俗文學傳播之所以"自成一體"，仍然要歸結到它的"民間性"。一般的說，俗文學的發生與傳播，本質上是一種自發性的行為：在民間社會，田間地頭和露天舞臺的演唱或說書，其實並不能改善說唱者的社會地位或經濟狀況，它只是純粹意義上的個人愛好和自娛自樂。正如吳歌《吃飯要唱飯山歌》唱道：

　　　　唱唱山歌種種田，

　　　　唱山歌當飯過荒年，

　　　　唱仔兩隻半山歌吃四十五口飯，

　　　　唱仔廿一隻山歌過一年。

　　所以唱山歌、說故事，都只是為了"尋開心"的娛樂意趣。在這一點上，俗文學與中國文學傳統之所謂"載道"、"言志"的文學理想有明顯差異。總體來看，俗文學絕大多數只具備娛樂、審美功能，它或遊戲、或宣洩、或打趣、或炫智，很少指涉"故作高深"的主題。吳地俗文學承繼了中國俗文學這一傳統，其演唱的歌謠和述說的故事大多是在農忙時節或閒暇之時藉以解乏打

趣的工具，絕少寄託"一本正經"的深刻道理。例如，每逢盛夏稻田勞動最辛苦的時候，田地主人雇用專門唱山歌的班子打短工，他們在地頭唱歌，以激勵勞動或祈望豐收；晚上收工，東家用酒宴款待歌手，歌手則唱"謝酒歌"以答謝主人。其他勞動如搖船，路遙夜深，歌者也唱山歌以解疲勞，搖櫓扭綁時，盤答對唱或自問自答，形成了所謂"船歌"。還有一種情形在吳地也較爲常見，歌手或故事手在穀場上乘涼時說唱，周圍聚集一群聽眾，逗趣打諢，熱鬧之極。

吳地俗文學的"露天舞臺"，從傳播形式看主要分兩種：一種是私人之間的個體傳播，另一種是公開場合的集體傳播。個體傳播可以情歌爲代表。通過比較我們發現，吳地很少有類似我國少數民族中盛行的公開、集體對唱的"情歌"。吳地情歌一般有較強的"私秘性"，情感內斂而含蓄，以"情探"、"相思"、"冤苦"類題材居多，呈現出與江南文人創作中"才子型"、"才女型"文學相呼應的地方個性，代表作品如《約郎約到月上時》：

> 約郎約到月上時
>
> 看看等到月蹉西；
>
> 不知奴處山低月出早，
>
> 還是郎處山高月出遲？

男女雙方爲了維繫已有的愛慕情感，用情歌來私下傳播心中的願望和冤屈，這是十分真誠也比較得體的做法，符合愛情心理學的一般規律。另一種是集體傳播，它是指傳播者以單個或多個，而受傳者爲多數人之間的互相傳播方式。從根本上講，俗文學傳播應該是一種集體性傳播，離開集體，俗文學是無法傳播開來的，同時，在傳播過程中俗文學文本又不斷被眾人加工、修改、增刪，最後形成比較完美的文學形態。如孟姜女哭長城的故事，由一個人嘴裏傳到另一個人嘴裏，人們在講故事時不斷把同情這對夫妻的不幸與憎恨秦始皇暴虐的感情增加進去，故事的社會內涵越來越深廣，情節也越來越完整、生動，世世代代流傳下來，達到了婦孺皆知的程度。

除此以外，俗文學傳播還有自己獨特的傳播現象：在傳播關係中人人可以是傳者，人人又可以是受眾，人們參與傳播的面十分寬廣，而在傳播時雙方互相易位的現象也隨處可見。例如當一個農民在向一個或幾個農民述說一個故事的時候，後者又可以向前者補充他們所聽到的情節，這種及時性回饋以及傳受雙方不時的易位，這在民間傳播中是很常見的。可以說，吳地俗文學正是在那種盤答之中切磋長進，賽歌之時即興發揮，故事越說越精彩，歌謠越唱越動人，隨之一些故事簍子、山歌大王脫穎而出，乃至在方圓數十裏之內頗具聲名，有的由此成為職業藝人。

在這裏，我們不能不提及民間職業傳播者——"藝人"對俗文學所作出的突出貢獻。如果說判斷任何一種文學是否興旺發達的重要標誌，就是看它能否出現一大批具有突出創造和獨特技藝的傳播者，那麼這些在"露天舞臺"上逐漸走紅的歌手、故事手堪稱是俗文學的"掌門人"。他們是人類社會中最早從農村體力勞動中分離出來的、有一定文化知識的人；他們一般記憶力較好，心靈手巧；他們除了會唱會表演之外，在剪紙、繪畫、書法、民間工藝方面都樣樣會上一點。他們能把幾百行乃至上千行的長歌背誦出來，還會即興創作。另外有些半專職傳播者，比如群眾中的意見領袖，他們往往擅長講故事、說笑話，長於在公眾場合起組織作用，喜歡打聽消息四處談論；還有一些流動性強的職業，比如常外出跑生意的人，走鄉串戶的貨郎、泥瓦木鐵等匠人，他們走動多、見聞廣，常常會給人們帶來各種消息傳聞。[7]正是由這些少數專職傳播者和半專職傳播者，以及難以數計的自發傳播者組成的俗文學傳播網路，覆蓋了整個民間文學傳播活動，爲俗文學的興盛提供了不竭的源泉。

　　吳中自古多才人，加之深厚的傳統文化，獨特的秉承爲吳地俗文學興盛提供了寶貴資源，並造就出大量富有靈氣的俗文學人才。在調查中我們發現，吳地民間百姓一般都具有不凡的口頭創作能力，在一些典型地區，如常熟白茆、吳江蘆墟等地，幾乎人人都能說會唱，唱山歌、說故事之傳統代代相襲，並成爲日常生活的重要內容。當地還舉辦頗有規模的故事會、山歌會，行家裏手紛紛登臺獻藝、相互切磋，更爲俗文學的傳播、發展創造了文化氣氛。我們可以提供一連串民間藝術家，如萬祖祥、陸瑞英、陸阿妹、蔣連生、姚祖根等等，他們之所以能說擅唱，一個重要原因即在於他們從小即受當地鄉里風俗影響，並且在耳濡目染中獲得了濃厚興趣，經過較長一段時間的磨練之後便在 "衆人堆裏" 脫穎而出。從這個意義上說，是以 "露天舞臺" 爲代表的吳地良好民間文化氛圍，使當地俗文學之花越開越鮮豔。

7　孫旭培，《華夏傳播論》（北京：人民出版社，1997），頁 372。

傳媒體制與民間藝術衰落

　　在現代化面前，在全球化的浪潮中，傳統民間藝術正以驚人的速度走向衰亡，這是一個無法迴避的事實。儘管政府、社會有識之士仍在不遺餘力地搶救、保護優秀的物質或非物質文化遺產，但結果似乎並不樂觀，這也是一個令人沮喪的事實。

　　對於許許多多非物質文化遺產處於瀕危狀態的景況，有的學者認爲其根本原因是“非物質文化遺產日益失去其生存的文化生態”，“傳統民間文化生存的文化空間日漸萎縮，這種非物質文化更容易被時間風化，現代化正在無情地蕩滌傳統民間文化。”[1]這樣看來，目前最爲關鍵的，首先是要保護傳統民間文化的生態環境。但需要進一步追問的是，在以大眾傳播和市場消費爲主導的今天，傳統民間文化是不是還具備它固有的生態？

　　這裏，我想重點談大眾媒體傳播對於地方民間藝術的影響，特別想要說明：在中國大陸目前的傳媒體制下，地方民間藝術的衰落可能還是“媒體作用”的結果。

　　與國家行政體制一樣，中國大陸的大眾媒體也是分層分級的，國家級媒體具有地方媒體無可比擬的影響力和覆蓋面，甚至還具有強大的“示範”和“導向”能力。儘管國家級媒體以全國爲傳播視野，但由於它們大多身處首都北京，並且在歷史上就形

---

1 劉曉春：〈山歌，漸行漸遠〉，《讀書》2006 第 4 期（2006 年 4 月），頁 57。

成了以普通話爲"官話"的"標準化"語言，其結果是，以"方言"爲載體的地方文化（包括戲曲、曲藝、方言及各種語言類地方文化），就因它的"非標準化"很難納入到它的傳播語言系統之中。並且，依據國家的行政性規定，如中小學必須學習和使用普通話、電視主持人不得使用方言主持節目等規定，也強化了以北方方言爲基礎的普通話的"合法性"地位，這樣，地方性的戲曲、曲藝等形式，由於語言的非標準化和"邊緣性"，便在傳播體制中必然處於"次級"地位。

由於這種傳播體制和語言規範要求，地方性文藝便"先天地"喪失了最大眾的傳播市場。正因爲此，在國家級媒體特別是最大眾的電視媒體中，觀眾最常見的還是"國粹"京劇或以北京話（接近普通話）爲語言的相聲、小品，其他地方性戲曲、曲藝等民間藝術則基本上"失語"、"失聲"了，或者只能在表現民族"大團圓"的春節晚會上偶見光彩。惟一例外的是以東北方言表演的小品，它雖以地方語言表演，但由於東北方言屬於北方語系，較爲接近普通話，而且那種誇張了語言，正好可以表現"外省人"的亞文化特徵，便作爲"特例"成爲全國性傳播的語言藝術，當然也必須經過語言"雅順"的處理。反之，與北方語言反差較大的其他地方藝術，如上海說唱、蘇州評彈、四川川劇、廣東粵劇，等等，儘管也各有自身的韻味和絕活，但因其語言譜系與普通話較遠，自然僅具備"小眾化"的傳播價值，便在國家級媒體中成爲被"冷落"的對象。

大眾媒體以最大的目標受眾群爲追求，這個"法則"多少會使地方文藝家感到悲哀，也必然使傳統民間藝術的傳承者因無法適應觀眾"市場"而失去原創力。回顧在大眾媒體並不發達的80年代以前，地方藝術、曲藝曾迎來短暫的繁榮期，探究其中原因，一是因爲當時的社會還處於一個相對封閉的傳播環境中，人們的生活方式、生活節奏較接近民間藝術固有的生態，觀衆欣賞這些古老的地方藝術具有“先天”的親緣性；二是大衆傳播的市場尚未形成，本地的觀衆市場就是最大的傳播市場，這樣，地方藝術家就必然以自己熟悉的方言、看門的絕活來展示自家的本領，因此可以說，恰恰是當時相對封閉、原生態的傳播環境，成就了地方藝術的短暫繁榮。

但是，自 1990 年代以後，隨著大衆傳媒迅速崛起，一種標準化、規範化、體制化的語言體制和傳播生產機制逐漸形成，地方藝術的原生態的演出市場即刻被媒體化的傳播市場所掠奪，地方藝術也由於自身語言的“非大衆化”失去“活力”，而從事地方文藝傳承和創造的藝術家們，在文藝評獎體制、觀衆趣味的“時尚化”、地方藝術的“邊緣化”等多重壓抑下，逐漸喪失了原創力。在強大的市場法則面前，即便是最頑強的民間藝術家，也會因從事的民間藝術的“小衆化”或不夠“主流”而感到落寞。

在我看來，面對地方民間文藝日漸衰落的趨勢，大衆傳媒也備受內心的拷問。人們注意到，面對地方文藝的尷尬處境，其實不乏有識之士在報刊、學術著作中發出“搶救”、“保護”的聲音，但令人沮喪的是，知識份子、民間人士的呼籲只是“紙面上的聲音”，而不能搬演出一個藝術的舞臺，以真實、直觀、生動的形象把觀衆拉回到劇場或露天舞臺；而電視媒體儘管也不乏保護地方民間藝術的報導和評論，甚至以地方民間藝術的展現，表達一種真誠的“挽救”意願。但是，電視媒體的傳播特性和法則，又必然以收視率、觀賞性爲追求，它絕不會以直播一場山歌演唱會來代替“超女”總決賽，這樣，“說”與“做”的“悖論”並不能從實質意義上改變傳統民間藝術的生存境遇。

　　有一種觀點認爲，傳統的民間藝術只要經過現代的技術化、商品化包裝之後，便可以高枕無憂地保護傳承下來。但是，電視傳播的邏輯告訴我們，它可能會吸納適應電視特性的民間藝術元素，如川劇的“變臉”特技、地方戲的精彩唱段等等，使之在符合總體藝術策劃、構思的前提下讓現代觀眾享受視、聽合一的“藝術大餐”，但它是有標準的，即能迎合最大化的受眾群體。在這個電視傳播的邏輯中，由於受眾市場這個基本要素已出現變化，地方文藝便只能以“獵奇”的元素成爲傳播物件（如遇雲南印象和所謂原生態歌舞等），而作爲原汁原味的地方藝術，則因爲其“方言”難懂、演出節奏慢等問題，不得不退出“黃金檔”的節目與頻道，於是在電視媒體的生產機制中，傳統的地方性文藝由於與“現代”之間的巨大差異，而只能作爲“完成的藝術”，停滯在現代社會的另一邊了。

"現代化" 改變歷史記憶

1、文化記憶的改變

全球化的進程越來越加速，使得人們的歷史記憶、文化想像都已經徹底改變。傳統的法則不再起作用，傳承的經驗也已失效，這是不得不承認的事實。

我這裏重點想談的是記憶的改變。20 世紀 80 年代以來，中國數千年未大變的社會結構、生活形態和文化生態，發生了急遽的改變。80 年代以前，在人們的日常生活中，還留存著不少歷史的遺跡，如簡陋的祠堂、古樸的鄉鎮、各式民居老宅、歇腳的驛站，等等，這些農業文明時代留下的物質遺產，構成了人們的歷史記憶。儘管在此之前，"破四舊"、"文革"已經打碎了原來完整的文明，但至少我們還看到了文明的碎片，我們的生活也基本上是老一輩過的生活。今天看來，70 年代那種簡單的機械化，其實只是前工業文明的點綴，但並沒有改變農業文明生態本身。但 80 年代，特別是 90 年代以後，現代化、城市化速度開始加速，大規模的拆遷改變了人們的生活格局，而資訊化、商品化、物流化、市場化，概言之叫現代化，中國大陸被迅速地帶進了全球性的演變中，我們今天的生活，真已像一首歌曲唱的 —— "不是我不明白，這世界變得快"。如今，歷史與現實的距離越來越大，或者說記憶與現實已被割裂，當然人們也更無法預判未來了。

今天看來，現代化帶來的最大變局，是人們的生活形態和生活方式的巨變。而其中最直接的因素是迅速"都市化"。尤其是大規模的"拆遷",已經帶來人們生活"環境"和"空間"概念的根本改變。一個直接的感受是,我們的時間、空間意識,其實已經不是傳統的概念了,比如蘇州園林,在傳統的概念中,恐怕已是很大的私宅了,但今天你可能感覺依然局促(廣場之大、大樓之高也在人的感覺中不斷變化,衡量的尺度似乎還在放量)。空間的改變也帶來時間觀念的改變,現在世界的時間差越來越縮小,便是這個緣故。動力、速度、快節奏、直播、互動等等,消弭了時間的長度,我們所有的體味只駐留於瞬間。

更重要的影響則是,人們實際的生活環境的變化,已經改變了文明生態,人們的工作方式、交往形式、生活情景、鄰里關係、居室佈局、街坊里弄,等等一切,都不再是傳統形式了 —— 這種改變才是真正重要而根本性的。以前,街坊、鄰里關係十分緊密,人們的交往非常直接,街坊之間,他們互相照料、隔街吵鬧、談情說愛、生老病死、說書聽書、麻將游胡,等等,這構成了中國人世俗性的生活方式。現在街道寬了,心理距離大了,鄰里互不來往,石庫門、四合院、老街坊等遺存,成了旅遊景點,而人與人的交流,竟然只能在電話、網路上。這種改變,把數千年來的人際關係打破了,人們的感情和存在意識,也都因此而改變。

歷史的改變,是不能重來的。但人們需要古今之比,需要歲月的懷念,如果割斷了文化的臍帶,我們便失去了想像的共同體。所以在我看來,所謂文明,其實就是人類心靈的故里 —— 對於人來說,記憶中的文明總是最爲溫馨的,也是他們精神的支柱和行動的動力。

人的能動性在於,他不會因爲現實的改變而完全放棄,他需要在外界改變時,抓住與歷史對應的"參照物",以測定生命展

開的旅程（那些 "紀念碑" 便鐫刻和保存著我們的記憶）。我們
應該保留人類記憶中的文明，否則我們的心靈將變爲荒漠。

二、詩意的消逝

在 "後現代" 的大眾消費時代，"詩意" 一詞就像一件古代
的青花瓷碗，顯得那樣精緻而易碎，而只能被置放在人們精神 "後
花園" 的博古架上。確實，在那麼匆匆的生活節奏之中，我們根
本沒有閒暇去品味 "詩意"。

當詩意行將消失的年代，人們卻越來越覺得它的可貴、可愛。
於是有些人便會執著地從流逝的童年、追憶的青春乃至文字的記
錄中尋找詩意的歲月。於是三、兩朋友聚會，總會把兒時的搗蛋、
鬧騰，青年時代的放縱、浪漫，或者是古代詩人、文人的放浪瀟
灑，當作是 "詩意" 的殘存標本。

在大眾傳播時代，文化工業的最大問題是，以爲詩意是可以
製造的。在這種觀念的支配下，它突出儀式化的情景、視覺性的
衝擊、感官上的刺激，而把人對生活的真正品味和深度體驗，看
作是不符合大眾 "標準" 的廢料，從而把真正個性化的詩意體驗
驅逐了。於是我們看到，電影電視畫面充滿了那種膚淺的壯美場
景，大漠孤煙、深山瀑布、竹海人家、古羅馬鬥技場、威尼斯水
城……，似乎這一切便是歷史人物活動的詩意 "符號" 場景。至
於反映現代生活的小說、影視片，也大多離不了絢麗的燈市、溫
馨的酒吧、浪漫的山莊別墅，等等，彷彿那些常人不容易獲得的
高檔享受，便構成了現代人詩意生活的全部。

然而，當人們閱讀、觀賞了這些藝術作品之後，仍然感到它
們並非是切近於心靈的真正詩意，反而使人感到猶如置身於卡夫
卡式的 "城堡" 或艾略特式的 "荒原" 的孤獨。如果詩意不能給

人以心靈的撫摸或慰藉，那麼它多少只是一種想像性"複製"或隔靴搔癢的"贗品"，而真正的詩意來自於對生存的體驗和領悟。

於是人們就想到，是不是對現代生活的逃離才有詩意？這恰恰構成了當下詩人的一個"問題"。詩歌作爲表達詩意的一種古老方式，似乎更適合於純粹的、簡單的文明時代，工業文明開始後，儘管催生了現代詩，但詩人們幾乎很少讚美那種"進步的"現代文明，而"詩意"也大多表現爲對生活的種種"逃逸"，對政治的逃逸、對社會的逃逸、對文明的逃逸甚至對語言的逃逸，最終回歸那種純粹的、散發泥土芬芳的詩意生活。這種對詩意的理解，某種程度上講便是回歸它的"本真"。不妨認爲，詩意只存在個人的存在體驗，它與文化工業的"製造"無關，它是自然的、心靈的、想像的，甚至無法用文字或圖像的語言表達。

因此，當現代傳播手段越來越多的今天，即便人們可以用無數方式製造"詩意"，創造詩意的環境、詩意的生活、詩意的表達，但人們還是會感到真正的詩意越來越少。大眾傳媒的出現，似乎是"人體的延伸"，但卻走向了它的反面 —— 人們看世界的視野寬了，但已不認識自身，也感受不到現代生活的美妙。

三、影像記錄與記憶真實

19 世紀，自人類第一次透過膠片暴光，來記錄生活開始，確實是一個新的紀元到來了。過去，儘管人類早就有了文字記錄的歷史，但這種記錄不是直觀的，而且必須透過經修飾的文字才能閱讀、理解與神會，而影像卻以更爲直接的方式"複現"了真實，而"真實"對於人的心智來講，永遠是一個求解的謎底。

正是人們對於"真實"的歷史訴求，影像文獻（包括照片、電影、電視等）便以其保真性而顯示出極高的價值。比如，當我們想瞭解 20 世紀 30、40 年代的上海都市，你去看電影《馬路天使》、《一江春水向東流》等所反映的情景畫面，彷彿就把你帶進當時的歷史之中，譬如那個時候的生活場景、人情關係、社會物事等等。影像對於歷史，具有較好的佐證作用，並且能把人帶進真實的歷史之中。

影像的另一功能是，它足以建構一種共同的歷史感。時至今日，在什麼都講究真實觸摸的時代，在人們越來越懷疑歷史真實性的時代，人們更期待以真實的"物證"來獲得歷史的認同，而文字是虛弱的（有時是虛假的），講述是私人的（經常是偏面的），都不足以給人"確信"，似乎只有影像記錄最有說服力。因此，今天的歷史敘述者都往往以老照片來彌合文字留下的空隙，其意義便在於影像記錄比較可靠，它能以歷史真實的代言人說話。

不止如此，對於許多人來說，影像記錄不僅使人認識某一歷史，而且還容易激起他本人參與歷史的現場感，從而重新獲得感受歷史的體驗。我想，對於許多 20 世紀 50、60 年代出身的人來講，今天當他觀看反映文革、插青、老三屆等生活的電影、電視或照片，他絕對不會是歷史的旁觀者，而是以親身經歷者的身份，共同參與到影像的訴說之中。某種程度上講，影像的意義便在於，它改變了時空關係，把"現在時"變成"過去時"，使人產生"今夕是何年"的人生曠謬感，於是歷史也成為了童年或青春的記憶。

無疑，與文字閱讀那種安靜的、私人性的"挑燈夜讀"方式比較，影像觀看更大程度上是一種集體性行為藝術，或是一種"儀式化"的公共行為。這種方式，使影像觀看具有了立體性、現場性和生動性的特徵。通常來說，一個人形單影隻地看書，是非常自然、日常的閱讀方式，而獨自一人看電影、電視，卻是一種不正常的經驗（電視也是家庭化的媒體）。尤其是在電影觀看中，它的開放性和公共性無庸置疑，並且通常伴隨著觀看影像以外的事件，比如露天電影，就經常與鄉村行走、打架鬥毆、桃色緋聞等事件連在一起，其結果是，無形中會把影像記憶與事件記憶串聯、扭結在一起，從而增強了記憶的"同頻共振"效應。義大利影片《天堂電影院》，或崔永元拍攝的經典老電影，都記述了自己的觀看經驗，他們用電影人的親切記憶，重新找回了多姿多彩的觀看體驗──影像仍在記憶的銀幕上閃爍，而敍述者滿含著歲月流逝的淚光。

輯四　新聞的平臺

論傳媒博弈中的倫理準則

—— 以大陸媒體中有關 "名人官司" 報導為例

　　與多年吸引公眾眼球的美伊戰爭報導一樣，有關娛樂圈的 "八卦" 新聞也一直是娛記們追逐的爆料。近兩年來，經一浪又一浪的 "名人戀情" 炒作之後，公眾的 "眼球" 似乎已疲倦了，媒體的注意力又開始出現新的 "轉向"，於是有關演藝圈名人的 "性" 事，以及隨之而來的 "名人官司"，如 "皇阿瑪惹上性交易醜聞"、 "張國立兒子張默打人，中戲黃定宇落馬"、 "張鈺曝黃健中捲入'錄音帶'醜聞"、 "趙忠祥被女醫生告上法庭" 等事件，旋即成為各種媒體上最為轟動的 "娛樂新聞"。

　　面對越來越多的 "名人官司"，值得傳媒界深思的是，當媒體為了公眾的 "娛樂需求" 和自身的利益，以 "名人官司" 為注意力資源，並自覺或被動地介入事件之中，成為 "博弈" 的一方，那麼它又該如何在類似的 "名人官司" 事件的報導中堅守新聞倫理準則，並有效建立自身介入事件的博弈規則，以規避風險？所有這些，或許是留給媒體人最值得思考的問題。

一、博弈： "名人官司" 的潛規則

　　人世間的恩怨，從來就紛紛嚷嚷，需 "從頭細說" ；演藝圈的是非，更不是三言兩語能講得清楚，需 "借我一雙慧眼"。若再加上一個媒體糾纏其中，相信絕大多數受眾恐怕都會如墜入雲裏霧裏了：

　　2003 年 6 月 29 日,《成都商報》刊登《"皇上"提出怪要求》一文,文章副標題為"周璿昨在簽售現場突曝曾遭某影視大腕騷擾"。該文稱,成都女歌手周璿在舉行其小說《絕愛》的簽售活動時,去北京邀請一個影視大腕來擔當簽售嘉賓,但對方卻提出以性作交易,並稱該影視大腕是以演皇帝而出名的。7 月 4 日,《成都商報》又刊登出《"皇阿瑪"就是張鐵林!》一文,該文稱,周璿在記者會上首次當眾明確指出"皇阿瑪"就是張鐵林。周璿複述了當晚她和張鐵林在北京名人飯店相會的情景,並提供了她和張鐵林在該飯店相會的合影作為證據。

　　6 月底,一個名叫周璿的女藝人站出來,揭露某位已經成名的演員"皇阿瑪"向她提出"性交易"的要求,並且向公眾提供了一系列的所謂證據,在雙方進行了一番拉鋸戰之後,這位藝人又單方面宣佈,她與"性交易"嫌疑人張鐵林已經達成和解,更為戲劇化的是,她聲稱自己"從來沒有告訴任何人張鐵林對我有性要求",她是被個別媒體"利用"了。[1]

　　經歷了一番戲劇性的曲折後,備受媒體關注的"張鐵林訴周璿、成都商報社名譽侵權案",最終還是交給法庭判決。法院審理後認為,周璿辨稱其從未說過"以性作交易"、"'皇上'提出怪要求"的話。但並無證據加以證明,而此說法直接影響到張鐵林的社會評價,在此情形下,周璿的行為構成對張鐵林名譽權的侵害,理應承擔侵權的民事責任。成都商報社的報導,來源於周璿的敘述,反映的內容基本真實,在沒有對方姓名的情況下也無核實的義務;對周璿主動約見記者,公開當眾明確指出其邀請擔當簽售嘉賓的影視大腕"皇阿瑪"就是張鐵林的報導,反映的

---

1 見《北京青年報》2003 年 07 月 07 日。

內容亦基本真實，故不構成對張鐵林名譽權的侵害。

其他幾件名人官司，也都以類似的令人意想不到的方式而告終，有的剛開了頭就煞了尾，有的是"造謠又闢謠"，讓所謂的"新聞"越做越火，有的則成了沒有結果的"拉鋸戰"，令公眾枉費猜測。眾多的"謎團"果然令人沮喪，但也提醒公眾，特別是媒體必須用一種新的視角來廓清迷霧，找到把握問題核心的答案。

在眾多的理論資源中，在我看來"博弈論"提供了特別適合於觀察複雜問題的"慧眼"。"博弈論"創始於20世紀20年代，它試圖描繪在一個被極大地簡化設置下的複雜策略情形，把實際問題抽象出來，得到一種既代表實際狀況，又利於進行處理的模型。它的作用在於使我們盡可能最有效地認識問題的核心是什麼。"博弈論"對複雜問題的"簡化"思維，似乎正適於廓清"名人官司"被籠罩的一片迷霧。

從原理上說，"博弈論"是關於包含相互依存情況中理性行爲的研究。它有三個基本要素，即博弈方（player）、策略（strategies）、獲益（payoffs）。用"博弈論"的視角透視"名人官司"，博弈的基本方是明顯的，就是名人和普通人（聲稱受精神等傷害的人），所採用策略多爲利用公共媒體（主要是新聞報導）和敘事技巧爭取最大程度的社會同情，當然最終目的則是爲"獲益" —— 名人的獲益更多是維護或澄清社會名譽，其隱性利益可能是更大地獲得各種利益，如物質利益、政治利益等；而事件中的普通人參與博弈也有"獲益"，包括物質和精神賠償，維護或澄清個人清白，可能也含有一個隱性的利益，即借助與名人叫板，把自己炒成一個明星。但如果考慮到問題的複雜性，"名人官司"背後也很可能有操縱者，如商家、媒體，以及懷著各種動機的"隱身人”。正如一位元熟知內幕的記者明言：如果說許多名人官司中的“性交易”事件一開始還很像是“醜聞”，但發展到後來，終於暴露了它的真面目，它是不折不扣的“新聞陷阱”，是一個高明的“策劃案”，當事人收放自如、履險如夷，不能不讓人佩服。

如果只有博弈的兩方，問題可能會簡單些。那麼媒體又是怎樣介入“博弈場”，而非得成為“角鬥士”的呢？麥庫姆斯和肖有個觀點，大眾傳播具有一種為公眾設置“議事日程”的功能，傳媒的新聞報導和資訊傳播活動以賦予各種“議題”不同程度的顯著性方式，影響著人們對周圍世界的“大事”及其重要性的判斷。我們知道，傳媒報導什麼或不報導什麼，是通過“選擇性注意”來篩選資訊的，而公眾“注意力”有兩個基本屬性：一是“注意力”是稀缺性資源，二是任何注意都是有選擇性的。因此，由於名人對於大眾而言具有很強的召喚力和吸引力，多年以來，媒體在實踐中很早就瞄上了極為稀缺、最能抓“眼球”（注意力）的特殊物件 —— 公眾人物（名人），並形成了一套駕輕就熟的“炒作”方式。事實上，借用名人作“墊腳石”，早已是中外新聞炒作者慣用的伎倆。

於是，一種無須言明的“共謀關係”也就自然達成了：名人官司中的博弈方需要借助媒體“獲益”，而媒體也因自身利益（表面看是注意力資源，實則是經濟利益驅動）之需，以社會公共利益需要為藉口，按照媒體自身的邏輯介入到博弈之中。由此便不難理解，某些媒體為了經濟利益，竟主動拜倒在某些名人、商人的腳下，赤膊上陣炮製假新聞，並且做了婊子還不忘給自己立貞節牌坊，造謠又闢謠，讓所謂的“新聞”越做越火，等等。在現代社會中，博弈行為實際上已極為廣泛地存在於整個傳播過程之中。作為傳播者的大眾媒體既作為傳播內容的載體，又因自身利益之需，往往超越"媒體"的本意而介入事件之中，並成為博弈的一方。這已是一條無法用媒體倫理解釋的"潛規則"。

二、"名人官司"中的媒體博弈

媒體參與"名人官司"中的博弈，已構成一條不用明說的潛規則。一旦進入博弈，各博弈方追求的根本目標就是"獲益"。我們知道，正如商戰一樣，博弈中的獲益有正有負，而獲益的差異和構成原則也會影響博弈方的行為方式。在理論上，將每個博弈方在各自的策略組合下的獲益相加，得出的總獲益稱為"和"，"和"可為"零"、可為"正"、可為"負"。從整個社會系統看，博弈本身是一種客觀存在且無法避免的，一個理想的博弈原則是我們應尋求效益的最大化即"和"的最大化，而避免使"和"減低乃至為負。

由於本文的著眼點在媒體，為了分析的方便，我們把媒體作為變數，根據"名人官司"不同情形以建立不同的博弈分析結構，從而發現媒體是如何參與博弈的？又是如何在"共謀關係"中尋找使"和"最大化的運作方式？

（一）媒體作為"拍賣人"

這種關係中，媒體本身並不直接參與博弈，而是起著傳播資訊、溝通雙方（即名人與聲稱被侵犯的弱女子）的作用，類似於交易場上的"拍賣人"角色。這也與傳播學對媒體功能的論述相一致，擔負著拉斯韋爾所說的媒體的"監視"（Surveillance）和"聯繫"（Correlation）的功能。這裏的博弈結構，從表面看是"名人"與"弱女子"的二人博弈，兩者由於媒體資訊的流動而處於互動狀態，但實際上，媒體是否充當了合格的"拍賣人"，關係到博弈雙方的"獲益"，並且由於媒體本身的趨利性，以及對"和"的最大化的追求，其客觀、公正的本位也常常面臨諸多挑戰。從博弈的雙方來說，顯而易見，最直接、最有效的策略就是與"拍賣人"結成聯盟，以散播有利於自身的資訊，依靠對方的犧牲來使自身收益最大化，這就演變成對媒體控制權的爭奪，具體看表現爲對新聞選擇權和議程設置權的爭奪。

在正常的狀態下，名人與聲稱被侵犯的"弱者"擁有相對應的知曉和話語權利，但如果媒體所充當的"拍賣人"與任何一方結爲聯盟時，媒體的資訊溝通功能就發生了異化，就會出現所謂注意力配置中的"病理化"現象。比如，當聲稱被侵犯的"弱者"利用弱勢地位，用"同情"來影響傳播議程，以獲得"聲名"和利益時，設若媒體也恰以此爲公眾"注意力"，那麼無論是自覺或不自覺，新聞報導都會出現"偏向"。所謂"新聞陷阱"往往由此而產生。在商業時代裏，"新聞陷阱"是隨時都有可能發生的。一些人出於商業動機或個人目的，策劃出莫須有的事件與爭端，吸引媒體參與尋找真相。雖然新聞媒體明知這可能是一個陷阱，但由於事件本身具備吸引力，能夠獲得讀者的廣泛關注，就還是睜一眼閉一眼地往陷阱裏跳。在有的"新聞陷阱"中，策劃者、媒體和受眾是共同受益的，一方獲得了知名度和商業利益，另一方則擴大了發行量，公眾卻被娛樂了一番。

（二）媒體作爲"破壞者"

其實，當媒體被任何一方控制時，從某種程度上看，它就已經演變爲這場博弈的"破壞者"。這可以說是媒體的非常態情形。此時，媒體的策略選擇對自身的獲益沒有影響，但會影響其他博弈方的利益，有時這種影響甚至是決定性的。"破壞者"的存在使得相應的博弈結果難以預料，倒不是"破壞者"的媒體沒有邏輯，而是其邏輯違背了其擔當的角色所應有的行爲邏輯。歸根到底，這時媒體的身份是可疑、曖昧的，並且在許多情形下缺乏道德和法律約束。

在現實中，往往是媒體失去了自身的獨立性和社會倫理準則，受“獲益”支配積極地成爲博弈的破壞方，而招致“是非不分”的罵名。儘管我們不能說“破壞者”的影響總是負值，但它的存在確實使博弈無法用理性來規範和解釋，也使“名人官司”的議程走向出現更多的不確定性。由於媒體成爲博弈的“破壞者”，不僅加重了事件本身的撲朔迷離，有悖資訊交流的透明原則，而且某種程度上改變了議程走向，增加了司法鑑定的難度。媒體作爲“破壞者”與作爲“拍賣人”的主要區別在於，前者是主動介入事件，但以負面博弈方出現，其博弈之“和”也是最小的；而後者是被動地介入，其角色性質可正可負，最終獲益也是如此

（三）媒體作爲“博弈者”

在社會現實中，媒體的角色是如此重要，以致在西方，大眾媒體已成爲現代社會的“第四權力”，正是這種情況的寫照。在不斷、長期的博弈實例中，媒體已越來越體認到自身的利益，主體意識也越來越增強，並已經有了自身的表達邏輯和需求。因此，媒體就不會甘於做“拍賣人”，而往往以一個獨立的博弈方來建構議程，參與博弈過程。回到我們的論題上，媒體就不僅擔當資訊傳播、交流的載體，而且實質地、以自己的訴求介入到“名人官司”之中。這樣，原來的博弈就形成了名人、聲稱受侵害的弱者、媒體三個博弈方，它們都在理性的基礎上按照自身的邏輯進行著策略的選擇。當然，媒體在這種“主動型”介入的博弈中，它也要擔當“拍賣人”角色，不過在這個職能之外，媒體還會在

理性的基礎上，依據獲益最大化的原則進行策略地選擇。

　　在我看來，媒體以獨立的博弈方出現，儘管仍有許多風險，但不失爲一種理想的狀態。因爲在媒體充當博弈者的情形下，博弈中的資訊是三方面交換的資訊，媒體不只是"拍賣人"博弈中的貌似"超然"而實質被"控制"的角色，更不是以"新聞"之名行"獲利"之實的"破壞者"角色，而是獲得了獨立的主體地位，並成了受到名人、聲稱受侵害的弱者和整個社會監督的博弈方了。由於它參與博弈，就可以公開地從自己的策略群中選擇認爲是最佳的方式與其他博弈方對局，但有一個原則 —— 必須遵循遊戲規則和自身的倫理準則。

三、"名人官司"中的媒體博弈及倫理原則

　　既然我們認定媒體作爲博弈者出現，是一種比較理想的切入狀態，那麼媒體除了應擔負起資訊交流、溝通的"媒體"職能以外，還必須遵循因參與博弈而延伸出來的規則和社會職責。如前文所述，當媒體以"拍賣人"或"破壞者"角色介入博弈的時候，由於媒體曖昧不清的身份，人們無法賦予和追究其作爲主體的許多責任，事實上，以往多件名人官司案中，儘管媒體也受牽連，但多是以"陪綁者"角色連帶進去的。但是當媒體作爲博弈方出現以後，由於身份已經明確，當它獲得了更多的選擇策略自由的同時，也受到了類似於"獨立法人"的倫理和法律約束。

　　正是在這個前提下，我們可以對"名人官司"及類似的事件報導糾葛中，探尋媒體作爲博弈方所應遵循的倫理原則，並進而深入討論媒體自身應儘快建立的博弈規則。這種理論建構，對於當今的新聞媒體來說無疑已是當務之急。

　　1、改變博弈範式，由獲益的"以主體爲中心"轉變爲"以主

體間性爲中心"，真正確立"理性交往"的原則。

　　一個理想的博弈，應尋求效益的最大化即"和"的最大化，而要獲得盡可能大的"和"，需要合作，合作就意味著各博弈方需進行交往，即能夠用平等交流的形式，協調彼此的行動。在這個過程中，媒體因其職責所在，無疑更應擔當起這個特殊的責任。

　　哈貝馬斯提出的"交往理論"爲以上見解提供了注腳。哈貝馬斯認爲，人類的進步歷程不是線性的，而是充滿矛盾的，如何看待這些矛盾，如何構想出解決方案？他認爲應借助於對"交往理性"的重建，使具有語言和行爲能力的主體用共同的生活世界作背景，就世界中的事物達成共識。所謂"交往理性"，就是要讓理性由"主體爲中心"轉變爲"以主體間性爲中心"，盡可能使話語性的"交往行爲"深入理性，最終實現理性的交往化。由此，哈貝馬斯進一步將"真實"、"正確"和"真誠"三個要求提升到社會倫理原則的高度，即話語倫理。"它的基本原則是必須保障每一個人都享有平等自由的話語權利，而這一原則得以貫徹的關鍵，在於建立一種得到所有話語主體認同的、公平合理的、民主的話語程式和規則，防止並杜絕權力的非法使用，也就是普遍語用學，它應該視爲是得到公眾普遍認同的決定而得到貫徹並被所有人遵守。"[2]

　　如果用"交往理性"的原則來看"名人官司"中的博弈關係，那麼牽涉的三方就不會以各自的"獲益"作爲最高利益，而是把自己的獲益放在博弈之"和"的天平上衡量，並且以真實的講述（資訊）、正確的行爲方式（策略）和真誠的態度（協作）把"事實"和"意見"公開，由此而獲得超越各方利益之上的社會

2　〔德〕於爾根·哈貝馬斯，《交往行動理論》第 2 卷（重慶：重慶出版社，1994），頁 498。

和文化效益。這個過程中，媒體對議程必須由某種"理想"作引導，使博弈沿著有利於社會生態健康的方向延展。

2、確立博弈的價值觀，從現實的社會契約中引申出公平、正義和普世之"愛"的道德倫理觀。

約翰‧羅爾斯所著《正義論》說：公平是公正的基礎。他認為，當那些社會契約具有固有的不平等時，盲目平均就是不公平的，而直覺判斷也很容易出錯。由此羅爾斯提出了如今已成為經典的"無知之幕"理論：要求各方從生活中的真實情況退回到一個消除了所有角色和社會差異的隔離物後面的"原始位置"。

由"無知之幕"制定出的虛擬的社會契約中，一些傳媒學者又從中引申出兩個原則：第一個原則，要求有一個最高程度的平等的基本自由制度，在每個人都擁有最廣泛的自由的同時，社會整體也擁有同樣的自由。"自由優先，因為它永遠不會因為經濟和社會利益而被出賣掉，因此，第一個原則永遠是第二個自由的條件。"；第二個原則包括了自由以外所有的社會利益，而只有當這些社會利益有益於最弱小的群體時，才允許它們的不均勻分配。"也就是說，我們承認權力、財富、收入的不平等，必須有利於那些生活得不如我們的人。"³

回到前面的論題上，媒體透過"無知之幕"又能看到什麼呢？我以為關鍵是找到了走出偏袒任何一個博弈方的"第三種立場"。因為在博弈中，如果媒體是站在"名人"立場上說話，必然有損於"最弱小的群體"，並且加劇了社會契約中固有的不平等；反之，以"同情"弱者作為議題，又有可能侵犯"名人"的自由。作為"破壞者"的媒體，其實是不可能真正建立"第三者

---

3 〔美〕克里福德‧G‧克利斯蒂安等，《媒體倫理學 —— 案例與道德論據》（北京：華夏出版社，2000），頁18。

立場"的，因爲它的無原則的炒作，只會損害雙方的自由，而根據羅爾斯的原則，"記者不能用自己的權力沒完沒了地糾纏那些陷入新聞裏的人"。因此，我們認爲作爲博弈一方的媒體的真正立場，只能建立在以對所有人的尊重代替對任何人的冷嘲熱諷的粗暴行爲，並真切地呼喚和張揚全社會的公平、正義和普世之"愛"的道德倫理觀上。

3、尋求博弈的超越性價值，使博弈之"和"真正有利於淨化社會環境和精神生態，並由此上升爲一種"媒體理想"。

在現代社會中，媒體的作用越來越重要。同時，由於有了社會責任理論，媒體對人、對社會的道義責任也得到了特殊的強調。隨著媒體作爲"第四權力"的作用越來越凸現，緊隨而來的是，"社會幸福權高於媒體自身權利"的呼聲也一浪高過一浪。

我們強調各種社會利益的博弈具有超越性價值，實質是指出任何博弈方的個人利益必須置於社會整體利益中去考察。就媒體而論，它除了要考慮有利於生存競爭的經濟利益以外，其社會"守望"職責和外化的淨化環境功能，就使它應有超越性價值追求。特別是在我國的社會轉型過程中，各種矛盾比較突出，利益紛爭也格外鮮明，媒體更需要有一種超越性追求，並實際地上升爲"媒體理想"。

以中央電視臺《藝術人生》爲例，在童自榮和喬榛、丁建華的紛爭中，欄目一直以一種平靜的心態來看待這一矛盾。負責人王崢說，三個人都上過我們的節目，三期收視率都很高，對於童自榮和喬榛、丁建華的衝突，我們本著節目不涉及專業矛盾，不涉及傷害別人的原則去看待。王崢的觀點是，"在大眾情感中，同情弱者是一種很自然的情緒，但事實如何，局外人很難說清楚。我們希望大眾冷靜，不希望兩邊的支持者對罵。在《藝術人生》

的童自榮節目中，我們以一種積極和面向未來的態度設立了一種
爲童自榮支招的環節，因爲明年童自榮就退休了，大家一起爲童
自榮設計未來，比如，讓劉純燕和童自榮一起說童話，比如，請
童自榮到廣院當老師等等。王崢認爲，在這一衝突中，應該更積
極地往前看。一些影迷把配音演員虛構化了，比如把童自榮就當
做電影中的佐羅，各自的影迷可能並不清楚真實的情況，與其關
注個人矛盾，還不如關注一度在上世紀 70 至 80 年代紅極一時的
配音行業如今的困境以及他們如何能擺脫這種困境。＂央視《藝
術人生》儘管運用的是＂避實就虛＂的策略，但其切入問題的動
機以及效果是臻於＂善＂的。

傳播悖論的生態學闡釋
—— 再論新聞理論的若干“不平衡”

　　傳統新聞理論是對歷史上新聞實踐經驗的總結和概括，具有一定範疇內的普遍適用性。但我們也不能否認，新聞理論由於社會環境和新聞業態的嬗變，在解釋現實問題時經常捉襟見肘，甚至出現矛盾和悖論現象。生態理論著眼於宏觀與整體思考，具有在較大的話語空間中調適、消解各種矛盾的功能，並能催生出新的理論視角，從而擺脫理論解釋現實問題中的尷尬。這裏，我們將從生態視角，重新探討新聞理論的若干“不平衡”現象，並試圖作出我們的理論思考。

一、媒介真實與社會真實的不平衡

　　“新聞”一詞，通常被定義爲：新聞是新近發生的事實的報導。新聞傳播則將新近發生的事實及各種意見，通過人際傳播、組織傳播或者通過大眾媒介傳遞給受眾。新聞報導中的客觀真實，就成了新聞能否存在的前提。“新聞的真實性，不僅包括微觀的真實，即對單個新聞報導來說所有的內容須與客觀事實相符，即對單個新聞報導來說所有內容須與客觀事實相符，還包括宏觀真實，即對傳媒來說，應從整體上呈現社會現狀的真實面貌。”[1]新聞傳播中的“鏡子”理論，一再強調新聞媒體對事實的

1　鮑海波，《新聞傳播的文化批評》（北京：中國社會科學出版社，2002），頁 7。

報導應該做到完全地再現客觀現實。但從新聞媒體的實際操作中，媒介向來是以"再現"現實的部分見長，其實並不能真正、完全"再現"客觀真實及深層次的本質內容。一句話，媒介真實不能和社會真實完全劃上等號。

　　新聞的真實性就其本質來說是客觀的，但從認識來說又是主觀的。對記者而言，其本身存在的立場、經驗、專業化程度、對新聞價值的判斷能力的限制，以及寫作中受到各種"符碼"的制約、各種新聞體例的限制同樣在阻礙記者反映現實。除此以外，媒介機構出於對自身經濟利益、版面風格、篇幅等多方面的限制，往往對現實生活進行選擇性的策劃、選擇性的過濾、選擇性的報導，這些都是主觀對客觀世界的介入。因此媒介為我們提供的事實，便具有了虛擬性和主觀性。由於媒介主體意識對外在事件的投入，因此媒體只能在一定程度上去"逼近"真實，但不可能成為"真實"本身，就像兩條永遠無法相交的軌道線。

　　媒介在報導事實的同時，本身就在構建著媒介事實。正如日本學者和田洋一所說："新聞媒介每天報導的'事件'，是我們周圍發生的事情的任意選擇式的集聚，而這些集聚，又都是沒有相互關聯的世界影像。"[2]無法否認，媒體的新聞報導是對客觀世界的主觀的、過濾式的選擇，某種程度上必然破壞人們對世界整體的印象。客觀事實與媒介事實的不平衡，使受眾在對世界的認識上往往出現偏差。

　　另外，隨著資訊傳輸技術的不斷發展，媒體群落中的各種傳播方式在改變人們觀念的同時，也在改變人們的生活方式。高科技奇蹟下已經培植起"科技萬能"和"工具理性至上"等諸多觀

2　王泊，〈有償新聞的本質及其法律責任〉，參見《新聞記者》第 8 期（2001 年 8 月），頁 15。

念,人類在高揚最新的傳播手段的創造力同時,也造成科學的“祛魅”,使人的主體精神片面地極度膨脹。如“網路化生存”── 媒介生存中的一種形式,由於這種數位化生活的虛擬性,造成人與客觀世界關係的斷裂,也使大眾對世界的認識在“幻真”與“實真”之間形成錯位,在媒介提供的各種各樣、紛繁複雜的海量資訊面前自我失落、人性迷茫和本體湮沒。又如最近的美伊戰爭,在硝煙的戰火背後,大眾傳媒的報導戰爭已不再是真正的軍事、政治、死亡、流血,而只是新聞,首先是世界各大媒體爭先報導第一手的新聞。戰爭成爲了“媒體的狂歡”,戰爭被異化,戰爭的報導成爲媒體每天爲我們提供的戰爭故事。每天一個情節段落,直到戰爭的結束。一些學者指責傳媒把職業道德拋到腦後,活生生地把戰爭變成了 24 小時的實況娛樂節目,或者輕鬆的彷彿在電影院看一場電影,大家一邊在家吃著炸薯條、爆米花,一邊透過電視螢幕看飛機扔炸彈。“在這場戰爭真正開始之前,這場戰爭已在全球的想像中拉下了帷幕”。[3]波德里亞曾在第一次海灣戰爭後發表的《海灣戰爭不曾發生》文集中,指出包括 CNN 在內的當代大眾傳媒已經事先發動了一場虛擬的戰爭,戰爭所有的編排變化、戰略戰事等,事先都已經被電視記者和戰略分析家預演了一遍。“在傳媒中過度曝光,便會在記憶中感光不足。傳媒取消了意義和現實,提供的是虛像”。[4]大眾傳媒通過建構的媒介現實改變了大眾對客觀真實的認識。

作爲大眾獲取資訊的主要管道,新聞媒體應充分意識到,一方面,新聞的核心精神是儘量地去逼近客觀真實,盡力追求動態

3　〔英〕尼克·史蒂文斯,《認識媒介文化》(北京:商務印書館,2001),頁 302。
4　鮑海波,《新聞傳播的文化批評》(北京:中國社會科學出版社,2002),頁 57。

中的詳實、全面和平衡。因爲受眾的生存環境、生存觀念、生存方式、生存品質、生存目標，都與媒體傳播的資訊"透明度"密切相關；另一方面，對各種新的傳播技術的應用，也要注意對受眾的引導，以避免公眾在"人體的延伸"中迷失自我。生態理論告訴我們，如果把"媒介群落"看作一個有機系統，任何局部的不平衡達到一定的量變，就會引發質變。自然界如此，人類的媒體群落同樣如此。

二、"主觀性"的議題設置與"客觀性"的新聞之間的不平衡

議題設置理論（the agenda-setting theory）自美國傳播學者麥克姆斯、唐納德·肖最早提出後，早已成爲媒介傳播中的經典模式。這種理論認爲，大眾傳播只要對日常問題予以重視，爲公眾安排議事日程，那麼就能影響公眾輿論。有的學者認爲，議題設置暗示了這樣一種媒介觀，傳播媒介是"從事環境再構成作業的機構"。[5]隨著社會的發展，大眾傳媒實際上已從"告訴人們想什麼"，發展到告訴公眾如何去關注、如何去想的地步。在大眾傳媒營造的這種"擬態環境"中，形成在人們頭腦中關於外部世界的圖像不僅相似，就連大眾對其看法也會驚人相似。以我國學者作的一項考察爲例，上海市民平時話題來源於新聞媒介的占了 72％，來源於親友占 13.8％，來源於單位占 5.1％，來源於社區占 4％，來源於社會占 3.4％，來源於其他占 1.7％。[6]不難看出，媒體

---

5 郭慶光，《傳播學教程》（北京：中國人民大學出版社，1999），頁 215。
6 張國良、李本乾、李明偉，〈中國傳媒"議題設置功能"現狀分析 —— 我國首次就傳媒"議題設置功能"進行抽樣調查〉，參見《新聞記者》第 6 期（2001 年 6 月），頁 12-20。

對民眾注意力的影響是十分明顯的。

　　在當今異常激烈的社會競爭中，各大媒體競爭也異常殘酷。"適者生存"的生態法則在這裏得以體現。有些大眾傳媒，為了獲取豐厚的經濟效益，提高收視率及銷量，已經不是單純的聚集報導某新聞事件了，而是從各自媒體的特點出發，對新聞事件進行策劃，並結合巧妙的創意構思，以達到效果的最大化。媒介將沒有發生或即將發生，抑或已經發生但沒有引起公眾注意的事件給予聚焦關注，從而達到吸引受眾眼球、引導社會輿論的目的。

　　施拉姆在《傳播學概論》中指出：當前的歷史，充滿了被一些歷史學家稱為"有意安排的事件"。[7]換句話說，媒介已不僅隨著新聞的潮流行動，靈巧的人類還學會了怎樣去推動新聞本身。比較明顯的例子是，有許多媒體不僅為公眾設置議題，還將"新聞策劃"演變為"策劃新聞"，干預事件發展的正常軌跡，人為製造新聞熱點，小題大做，暴炒惡炒，胡編亂造，只顧一時的轟動效應，而不顧媒體長期利益。在美國新聞史上，以宣導黃色新聞著稱的赫斯特，就是一個積極鼓吹戰爭的人，他曾對手下的一位元負責插圖的記者說，"你只要負責提供圖片，我來負責發動戰爭"[8]。而那些善於炒作、策劃的新聞人，其最大特點就是根據消費邏輯的需要，借助媒體進行批量生產，或標新立異，或嘩眾取寵，或指鹿為馬，或發號施令，或高談闊論，或巧言善辯，或故作高深，或道貌岸然，總之是唯恐天下不亂。在這種心態下，社會健康的輿論生態很難得到保證。

　　當人們從社會生態系統來考察這種現象時，我們認為媒介濫

7　〔英〕威爾伯·施拉姆、威廉·波特，《傳播學概論》（北京：新華出版社，1984），
　　頁 272。
8　潘知常、林瑋，《大眾傳媒與大眾文化》（上海：上海人民出版社，2002），頁
　　372。

用議題設置功能，它所帶來的危害是顯而易見的。不管出於何種動機，媒介不擇手段地對新聞事件進行無止境的狂熱煽動、"策劃"和"製造"，以至誘惑人們放棄精神上的高尚追求而自甘降低爲"經濟動物"、"消費動物"的境地，這無疑將使一個社會的文化生態失衡，人文精神墮落。當前，一些媒介在追求樂感文化的同時，也對人類精神的生態平衡肆意摧殘，已嚴重地堵塞著人類生態覺悟的啓蒙之路，更何談精神生態的重建！因此，當媒體在履行其議題設置功能時，無論是對報導的內容、形式、策略等方面都必須是符合事實自身的發展規律，並且應擔負起社會責任感，其本身也是對媒體自身形象和公眾的尊重。

三、新聞自由和社會責任之間的不平衡

新聞自由，簡單地說就是新聞媒介擁有出版權、採訪權、發佈權。雖然新聞自由權本義並非是新聞媒介所享有的特權，該權利實爲人民所有，同時也不能認爲是新聞媒介在代表人民行使新聞自由權，但由於新聞媒介是向公眾提供他們所需要的資訊和意見的專業機構，並以此作爲新聞媒介的生存條件，一旦新聞媒介不能滿足公眾的資訊需求，那麼他們就無法存在。因此爲了滿足公眾對各種資訊的需求，新聞媒介就必須擁有一定的新聞自由即出版權、採訪權、發表權。無疑，對於新聞媒介來說，新聞自由就像空氣、水、陽光對人一樣重要。

公眾對新聞媒介的依賴，某種程度上也會導致媒介對新聞自由權的濫用。古典自由主義認爲：市場化可以爲我們提供一個"意見的自由市場"；但是當今社會，媒體的市場化發展卻不期然已經形成對自由主義理念的挑戰。人們注意到，受眾對於媒體內容的選擇越自由，卻由於"市場"追求越來越趨向"狹窄化 —— 因

爲媒體試圖通過迎合人的非理性"欲望"來贏得受衆，其結果是媒介很難建立起健全的社會視角。例如，一些本來堅守"嚴肅報導"的媒體在市場競爭中，當發行量、收視率、點擊率難以敵過建立在"欲望"上的大衆化報紙時，那麼它是不是還會一如既往肩負社會責任就成了問題。在以"金錢"爲唯一驅動和價值評判的傳播環境中，爲了追求經濟效益的最大化，有些新聞媒體不惜掩蓋、歪曲事實真相，侵犯公衆的知情權、隱私權、名譽權，以一種獵奇的心態來報導事實，追求轟動效應，便是明證。正如一些學者所憂慮的，"媒介越來越多地傾向於炒作熱點新聞，將注意力集中在某些'星、猩、性'（明星、暴力、色情）報導上，並在熱點新聞報導過程中樂於發表意見。各媒介想盡辦法爭取更多受衆，爲此降低新聞選擇標準，加強新聞炒作的力量。面對利潤的追求更使各媒介攜起手來，共同致力於報導有轟動效應的新聞。"[9] 這種做法本身毀壞了新聞媒體在受衆心目中的形象，同時也污染了人類的資訊交流的空間。

四、媒介問題的生態觀察和診療

十九世紀末，美國報刊以黃色新聞滿足大衆口味的經營方式，將報紙的商業特性表達的淋漓盡致。這種大衆化報業的商業習性一直影響至今，甚至還在"發揚光大"。媒體在一切以"自由市場論"的思維邏輯下，以謀取最大的經濟效益爲依歸，以迎合受衆的需求爲前提，新聞價值甚至已淪爲可用數字標示的新聞價格。在這樣的媒體競逐營利的惡性競爭下，種種有違輿論生態平衡的表現也就層出不窮了。

9　袁曉懋，〈價格戰中的媒介角色〉，《新聞記者》第 7 期（2001 年 7 月），頁 30。

（1）虛假新聞不絕於耳。如"上海將建 300 層、容 10 萬人的摩天大樓"；"美國醫生操刀換人頭"；"廣西高考狀元淪爲劫匪"；"一男子遊悉尼因好色兩腎被偷"等十條，新奇怪異的標題下掩蓋的是欺騙。有些甚至一看便知是假新聞，卻還能在各大媒體上不斷轉載。這不是記者太聰明，也不是編輯太蠢笨，原因無非是："一是'浮'，心浮手糙，對新聞編寫馬馬虎虎，敷衍了事，只顧追求一時之功，淡忘了新聞基本原則，辦報中缺乏一種誠實敬業的老實人精神；二是'躁'。氣躁情急，辦報追求表面熱鬧，貪圖華麗之勢，卻不顧傳播之效，辦報中缺乏一種平穩的靜心姿態；三是'懶'。腦懶思滯，對工作不求創新進取，對生活不求貼近挖掘，編稿只取可讀性，忘卻真實性，辦報中沒有精益求精的責任意識；四是'惰'。性惰情迷，難辨人事真僞，甘做撞鐘和尚，渾渾噩噩。得過且過，辦報中不能保持清醒的頭腦"[10]。"假新聞"問題，表面看只是提供給受眾一條虛假的資訊，實質是一種新聞職業道德的集體喪失，甚至可以說乃是"新聞媒體的腐敗" —— 在假新聞背後，通常是受到金錢和利益的誘惑。有人指出，金錢已是一種嚴重影響到了記者的職業操守的東西，這絕非危言聳聽。

（2）報導內容不科學。記者編輯在履行傳播文化知識、傳遞最新科學動態的職責時應明白，新聞傳播活動是社會生態系統中極其重要的子系統，他們傳遞的內容往往影響到整個人類的行爲方向。如媒體對某種疾病的病因傳播途徑不能準確、科學的報導，就可能影響整個社會對某種疾病在認識上的偏差。如《人民日報》以前對愛滋病的報導中，曾將愛滋病與 HIV 混爲一談，不知道愛

10 曉春，〈傳媒爲何如此"熱吻"這條假新聞〉，《中國新聞出版報》2001 年 11 月 8 日。

滋病屬於 HIV-1 晚期，沒有區分 HIV 病毒攜帶者與愛滋病患者的區別。在《人民日報》1998 年 12 月 1 日 11 版衛生版列出的預防愛滋病的 8 條方法，其中第六條，加強對入境的外國人或出國人員的愛滋病檢疫工作，對已感染愛滋病病毒的人要堅決隔離。這樣的報導曾一度使社會對愛滋病患者和 HIV 攜帶者進行了"不人道"的隔離。記者、編輯的知識盲區往往改變著大眾對一種事物的認識，所以在新聞報導中，無論是科學報導還是金融、消費等各個領域的報導，如果在感到現有知識不能很好駕馭時，一定要多問、多查資料，培養嚴謹的工作作風。

（3）新聞的娛樂化、媚俗化傾向日盛。追求娛樂發自於人類的生命欲求，同時體現了受眾對於社會矛盾的反應，昭示著他們的生命狀態和人性處境的變化。近年來，人類社會由需要的匱乏性狀態向需要的增長性狀態轉變；由需要的單一性狀態向需要的豐富性狀態轉化；由需要的本能性狀態向需要的文化性狀態轉化。這些發展標明了社會深層和生命本體興趣的轉變，其本身就具有特殊的社會與文化的意義。人們通過宣洩和補償而達到心理的平衡，借助娛樂享受需求的滿足，調適生命狀態。至於"媚俗"問題，本質上卻是從"需要"回到"欲望"，把"欲望"等同於娛樂，再把娛樂等同于文化、審美。鑒於此，傳播媒介如何引領人們去娛樂，而且"玩"得有文化、有美學，就成為一個值得深思的社會課題。反之，如果把新聞傳播看作是一種對於大眾的資訊"撫摸"的話，或者僅僅看作滿足人類資訊"意淫"的話，那麼媒介資訊與自然界的垃圾、噪音、毒氣有何區別？用自己製造的文化垃圾、泡沫破壞自身的文化生態，導致精神家園的荒涼與墮落，這難道是人類傳播活動的歸宿嗎？韋伯曾提出這樣一個問題："何人才有資格把手放在歷史的舵輪的把柄之上？"，那麼向來自詡爲"無冕之王"、"環境瞭望者"的新聞媒體，是否也要捫心自問一下："我們的媒介有資格來把這個舵嗎？！"

　　生態理論中的平衡觀、整體觀，已爲我們打開了一扇關閉已久的窗，讓我們呼吸到了清新的空氣。它不斷提醒著我們應時刻把握新聞傳播的方向，淨化日益污染的傳播輿論空間，引導社會形成健康、向上的人生觀、價值觀。[11]

---

11 該部分內容與沈一明合作撰寫。

深度報導的傳播學分析

　　20 世紀初，報紙這一大眾媒介處於黃金時代，隨之，雜誌、電影、廣播、電視也在其後 4、50 年間蓬勃興旺。西方社會在工業化推動下，逐漸進入所謂“大眾社會”，呈現出“一種工業化、都市化、現代化等逐漸改變社會秩序而使社會體制變遷的過程。”[1]在這個社會轉型過程中，西方學者已經注意到，傳統新聞學已不足以彌蓋新聞研究中的許多問題，而必須向視野更為開闊的大眾傳播學尋找出路。

　　1957 年，傳播學者施拉姆根據約 20 年間美國《新聞學》季刊內容，首次指出新聞學向大眾傳播學學科轉型的四個趨勢：一，從定性分析到定量分析；二，從人文學方法（主要是哲學和文學）到行為科學方法；三，從名人研究（對媒介經營者的傳記性描述）到過程與結構研究；四，從區域性角度到國際性角度，等等。這個結論饒有意義，它不僅言明瞭學科研究的動態趨向，更深刻的意義在於它揭示了一種實質 —— 現代新聞由於新興學科的興起和繁盛，已不再可能割裂與其他學科（特別是傳播學）的聯繫，有必要擴展視界，在新的話語體系中作出新的闡釋。

　　從現實情況看，現代新聞與各專業學科的聯繫也是前所未有的緊密。新聞學的知識背景幾乎已擴展到社會科學、自然科學的

1　〔美〕梅爾文‧狄佛洛等，《傳播研究里程碑》（臺北：遠流出版公司，1993），頁 29。

各個方面，並獲得啓示，得到新的闡發。在所有學科中，因新聞學與傳播學有著天然的血緣關係，並且隨著傳播學身影的日益隆顯，傳播學研究的每一進展都給予新聞理論以豐富和修正的機緣。譬如深度報導，就不能否認傳播理論對它的深刻影響。這裏，主要從三個側面描述傳播學對深度報導留下的鮮明投影。

一、 "受衆分層" 理論

"受衆塑造新聞" —— 某種程度上講，此言並不誇張。現代新聞傳播學研究表明， "受衆" 是新聞資訊流程中的終端，是新聞傳媒及其承載資訊的消費者，又是對於新聞傳媒、新聞資訊和新聞傳播者本身的檢驗人。他們兼具新聞資訊的受傳者和回饋資訊的發佈者的雙重角色。新聞受衆，可以說是新聞傳播活動中積極能動的行爲主體。

現代大衆傳播學研究一再提示人們：傳播主體應具有受衆的 "群體" 觀念。這種觀念表明，某些新聞資訊，能夠凝聚具有忠誠態度的人們較爲頻繁地集合，由此而使這些接受此類新聞資訊的人們合群。在日常生活中， "群體" 是人們在共同進行社會生產、生活娛樂中逐漸形成的；新聞受衆的 "群體"，也是在接受所傳播的新聞資訊過程中逐漸形成的相對固定的人群。

新聞受衆的 "群體" 不是凝固不變，而是容易 "被分" 和融合的。所謂 "被分"，就是受衆在接受時被所傳播的新聞資訊拆散或分開，例如作爲一種媒介策略，有的新聞版面或欄目，就注意正、反兩方面的手段調動：一方面注意以優質內容吸引受衆，凝聚 "人氣"；另一方面則重新 "洗牌"，分化新聞受衆，逐步把本來對別家新聞版面或欄目的受衆吸引過來。這樣既組織、 "拉攏" 了自己所辦的新聞媒介的受衆群，也同時瓦解了其他新聞版面、時段或欄目的原先 "受眾群"。所謂 "融合",是指媒介傳播的資訊是一種奇特的 "黏合劑",可以根據不同的目標黏合不同的人群。正因爲如此,新聞媒介往往因 "做大"、 "做強" 之需而細分不同的專業或檔次,並在頻道、版面、節目的內容和形式安排上度身量衣,採用 "拼盤法"、 "專列法"、 "串珠法"、 "定位法" 等,不斷融合其他人群,最終將其融化到自己媒介的新聞受眾的大 "群體" 之內。

新聞受眾的 "群體" 觀念,牽引出兩個與之相關的兩個認知概念:一是受眾的程度,即考量新聞受眾素質、媒介素養和文化水準的基本依據;二是受眾分層,即不同 "程度" 的新聞受眾,要求能夠適應他們接受的新聞媒體、節目內容和形式 ── 一般來說,新聞受眾的分層,主要取決於具體的新聞受眾(個人)喜歡哪種新聞媒體或哪類新聞文體(新聞資訊的內容和表現形式)的基本程度或對它們的認知程度。以報紙爲例,城市裏的一般市民、來城市打工的青年農民,通常關注這個城市的晚報、都市報、資訊報、時報等,而公務員、高校大學生、文化、教育科技工作者,則比較青睞精英類報紙、專業類報紙和新聞週刊等。即便如廣播、電視節目,或互聯網的網址、網站、網頁等,其受眾也一般因 "程度" 不同而聚集的。可以說,新聞傳播媒體實際上就是一個最廣大、最寬泛的社會學校,它每日每時實施教育,並形成自己媒體受眾的基本 "程度" 和忠誠度。

受眾分層的一個主要指標是社會分層。依據社會學原理,現代社會有一個明顯的發展趨向,就是不斷地分化,繼而導致社會分層出現並不斷地變化。社會分層理論揭示了同一社會中的人之所以不同的原因,以及不同的標準和表現。 "社會分層的變化明顯地在媒介的的發展過程中留下印記。中國大陸的媒介發展,特別是改革開放以來的變化充分說明了社會分層在其中的作用……針對這些社會階層，媒介開始劃定自己的受眾範圍，特別是那些新興階層吸引了大量的媒介，由社會分層產生的受眾需求的變化作爲一種因素引導著媒介分層的不斷細化。"[2]

受眾分層現象，相應地帶來了媒介分層和報導分層。受眾不同利益的訴求，必然要求以媒介作爲自身利益的代言人，行使表達的權利。在現代社會，傳媒業擁有的傳播力是不可替代的重要社會資源，各個社會階層必然要借助傳媒尋求自身利益的實現。因此利益要求的多元化是繼資訊需求多樣化之後媒介受眾分層的一大趨勢。以近年來大陸傳播媒介發生的變革爲例，受眾對媒介和報導需求的多樣化，經由"市場"傳達給媒介機構，媒介操作者採取頻道專業化和集團化運作，逐漸改變了過去以綜合性"大而全"媒介爲主的體制結構，媒介類型和報導方式等依據不同的標準分成了各個層次。

深度報導作爲一種有著自身特殊旨趣的報導方式，也應尋找相應的受眾定位和歸屬。西方的"三層報導"理論，曾經從純技術或實務角度，揭示了深度報導構成的肌理，但沒有從目標定位的視角，觀察其市場學、社會學、文化學的潛在動因。這裏，將結合我國的社會變革引發的社會分化，分析深度報導的目標受眾，建構其未來的發展座標。

深度報導的基本受眾之一，應該是社會主流性的"中心群體"。所謂中心群體，是指具有較高文化層次並且具有"社會行動能力"的群體，也就是所謂"有權、有錢、有點閑"的社會中層以上人群。中心群體構成社會主流，而且隨著社會發展，這部

---

2 孫瑋，〈多重視角中的媒介分層現象〉，《新聞大學》秋季號（2002 年 11 月），頁 20。

分人群會越來越擴大。他們對社會一般具有明確的理想性，並且在一個需要“解惑”的社會轉型期，他們對深度報導的期待非常強烈，如 CCTV 的《新聞調查》及《南方週末》、《21 世紀經濟報導》等，就給予他們對社會以結構性的把握，提供一種社會標準意見 —— 這種標準意見至少可以給社會提供一種參照物。對於中心人群來說，一般的客觀報導由於資訊的片段性、零碎性，不足以提供全方位的資訊，尤其不能給予他們思想話語，因此他們必然會倚重深度報導，從而獲得基本的資訊來源、思想來源和觀念來源。

深度報導的基本受眾之二，是那些具有較高專業知識背景、能夠發表社會見解的“獨立群體”。所謂獨立群體，很大程度上是知識份子和大學生群體，而且主要是人文學科的“學院派”人群。他們的主要特點是對社會問題、事件和未來都有自己的看法，不盲從于中心權威的表達，敢於發出自己的聲音，並且能夠從自身學科的專業知識、理論，對現象或問題作出解釋和判斷。“獨立群體”較少依附性，往往在收視、閱讀新聞時有投入智力，這就在客觀上要求報導應具備深、廣度，提供來龍去脈和背景資料。他們的新聞趣味也與一般讀者明顯不同，貫穿著“智性”判斷特徵和理性分析特徵，而深度報導的特點，恰恰能滿足其觀念和欲求。從我國的政治改革的目標來說，我國不斷發展的民主政治將會越來越尊重這一群體的“話語權”，一個真正的話語時代會成為深度報導的新的增長點。

深度報導的基本受眾之三，還包括臨時彙聚的“集合群體”，即因某個問題引起了社會注意力的高度集中，而構成了各種受眾群體重新分化、組合，逐漸形成的一個“集合群體”。我們知道，受眾分層並非固定不變，而是“隨動”的 —— 伴隨社會中心事件和問題，不斷"分化"和"融合"。媒介所傳播的新聞資訊，是一種奇特的"黏合劑"，時而黏合這一群受眾，時而又黏合另一群。深度報導由於其報導題材的重大性和顯著性，往往容易吸引社會注意力，也就自然會黏合本來漂浮於各頻道、版面、節目中人群。一般來說，社會重大事件、問題具有較強的搶奪"眼球"的力量，是深度報導的容易集合人群的"亮點"之一；而後現代社會中，由於社會形態變化，一些消費方式、生活方式和特殊人群的生活狀態，也會引發和延伸公眾關注的議題，成爲關注"熱點"，也成爲了深度報導積聚"人氣"的重要內容。

按照社會學理論，越是細分的社會，整合就越重要。深度報導某種意義上就承擔和整合社會的功能，在社會分層、媒介分層加劇的情形下，深度報導要充分重視自身的整合作用。因此，受眾分層給我們認識的另一啓示是：深度報導要重點闡發、宣揚全社會共同的價值理念，揭示各個社會階層的共同利益所在，並更好地協調各個階層之間存在的矛盾和衝突。

二、"議程設置"理論

自 20 世紀 70 年代初以來，"議程設置"（agenda-setting）假設，始終是傳播理論領域裏的主導概念之一。這一概念之所以重要，是因爲它展現了大眾媒介影響社會的一種方式，而且許多跡象表明，它對社會的影響確實是顯著的。

有關議程設置理論的直接表述，最先見於 1958 年諾頓·朗（Norton Long）的一篇文章中："在某種意義說，報紙是設置地方性議題的原動力。在決定人們將談論些什麼，多數人想到的事實會是什麼，以及多數人認爲解決問題的方法將是什麼這些問題上，它起著很大的作用。"庫爾特·蘭和葛萊蒂絲·恩格爾·蘭（Kurt

Lang and Gladys Engel Lang）在 1959 年也提出過自己的表述："大眾媒介促使公眾將注意力轉向某些特定的話題。媒介幫助政界人士樹立公共形象，媒介還不斷披露某些人與事，暗示公眾應當去想它，瞭解它，感受它。"另一個對議程設置的表述，幾乎是所有關於該主題的著作和論文都須反覆引證的一句話，那就是伯納德·科恩（Bernard Cohen）關於報業威力的一段名言："在多數時間，報界在告訴人們該怎樣想時可能並不成功；但它在告訴它的讀者該想些什麼時，卻是驚人地成功。"[3]

概而言之，議程設置是一項媒介功能，它決定公眾談什麼、想什麼，爲人們安排議事日程。更爲專業的表達是："受到某種議程影響的受眾成員會按照該媒介對這些問題的重視程度調整自己對問題重要性的看法。"[4]。如套用"你拍一，我拍二"的童謠句式，議程安排實際上就是"媒介拍一，公眾拍一；媒介拍二，公眾拍二……"，以此類推。認知心理學進一步表明，媒介議程對公眾議程能夠深刻影響，"新聞不僅告訴我們該想些什麼，而且告訴我們該怎樣想。"媒介可以形成人們對目前社會重大問題的觀點，而媒介著重強調的可能性議題，甚至並非現實生活中的主導問題。

美國傳播學者庫爾特·蘭和葛萊蒂絲·恩格爾·蘭曾就水門事件期間報紙與民意之間的關係，做了專題研究。他們發現，爲了解釋美國這一錯綜複雜時期的歷史，有必要拓展議程設置原先的觀念，即將議程設置改爲議程建構，而議程建構又可細分爲 6 個步驟：

---

3 參見〔美〕沃納·賽佛林、小詹姆斯·坦卡德，《傳播理論：起源、方法與應用》（北京：華夏出版社，2000），頁 248。

4 〔美〕梅爾文·德弗勒，《大眾傳播通論》（北京：華夏出版社，1989），頁 344。

1、報紙突出報導某些事件或活動，並使其引人注目。

2、不同種類的議題需要不同種類、不同份量的新聞報導，才能吸引人們的注意。（水門事件是個高起點問題，因此它需要廣泛的報導以吸引公眾事件的注意。）

3、處在關注焦點的事件或活動必須加以"構造"或給予一定範圍的意義，從而使人們便於理解。（水門事件從大選活動一開始就被定性爲黨派之爭，這就使人難以從另一不同性質的構造角度 —— 比如政治腐敗的表 —— 來理解。）

4、媒介使用的語言也能影響人們對一個議題重要程度的感受。（水門事件的闖入最初被定位爲"惡作劇"（caper），這個詞沿用了數月之久，試圖將其淡化，後來改用"醜聞"（scandal）一詞，這一事件的重要程度才因此提高。）

5、媒介把已成爲人們關注焦點的事件或活動與政治圖景中易於辨認的次級象徵聯繫起來。人們對某一議題採取立場時，需要一定的認識基礎。（比如，在水門事件中，當該事件與諸如"找出事實真相的必要"、"對政府的信心"等次級象徵聯繫在一起時，媒介的報導就可以幫助人們採取立場了。）

6、當知名且可信的人開始談論一個議題時，議題建構的速度會加快。（例如，當西裏卡（John Sirica）法官宣佈，人們並未獲知水門事件真相時，這在公眾及其他顯要人物中引起了軒然大波，特別是一些共和黨人，於是他們更願意表達意見了。）[5]

蘭的議題建構概念比最初的議程設置假設要複雜得多。這一概念已認識到"議題"轉化的複雜性，即一個問題從新聞報導到成爲公眾議程需要一段時間，並要經歷數個步驟。他們還總結了

---

5 參見〔美〕沃納·賽佛林、小詹姆斯·坦卡德，《傳播理論：起源、方法與應用》（北京：華夏出版社，2000），頁248。

一個媒介構建議題的方式，這對於認識媒介與公眾的互動關係無疑有啓示作用。

　　議程設置是一個過程，它既能影響人們思考些什麼，也能影響人們怎樣思考。此時，議程設置的思想就與媒介構造的觀念連在一起了。顯然，議程設置的第二個層面 —— 新聞媒介在表達一個事件或議題時體現出來的一系列屬性 —— 與媒介構造的觀念非常接近。這，在很大程度上啓示了深度報導從中汲取有益思想，觸發新聞人深入思考的靈感。

　　深度報導當然可以從多個方面進行表述，但歸根結底，它主要涉及三個方面的資訊層次：事實層次 —— 背景層次 —— 意義層次。意義層次，可以說是它的最終目的地，所以陳力丹先生就指出：“深度報導的要義就是要說出事實的意義。”這是相當透闢的。他還舉例說，歌星高楓去世了，這是一個資訊，有人追究他得了什麼病，爲什麼得了這個病，然後進一步追究他的個人隱私，這就觸及了深度報導的前兩個層次，但格調不高。但也有的報紙從高楓去世抓出了一個新鮮問題，即明星的去世對廣告業的衝擊 —— 因爲中國的明星相當一部分是某些企業的代言人，他們一旦去世會給某個企業或行業造成巨大的經濟損失，這是市場經濟條件下的一個經濟學現象。抓住這個現象進一步追述高楓去世的“意義”，這就成爲一個典型而成功的深度報導。顯然，這裏的“意義”來自於一個媒介或記者的“議題建構”，深度報導的意義與議題建構並無二致。

　　現代新聞媒體越來越重視策劃、謀略的效用，試圖通過智力因素對新聞資源予以更好地運用和配置，以強化新聞的心理衝擊力。策劃新聞實際上是一種經預先籌畫，從而更有效地反映新聞事實的報導方式。它實際上就汲取了傳播理論中“議題設置”的合理因素，認為傳媒的功能之一，是從客觀事實中遴選、凸現某些事實，從而引起受眾注意並成為中心議題。它一般形成系列或聯動，說到底主要還是個將議題轉化為報導方式問題。如《銀行尷尬面對貧困生》[6]，原作由《全國 12 個省市國家助學貸款發放情況概述》、《一些銀行為何不願發放助學貸款？》、《"虧本生意"為什麼，怎麼做？》、《上海助學貸款為何紅火？》、《專家談國家助學貸款》、《農行的"金鑰匙"貸款》等 6 篇系列報導組成。它以聯動配合、相得益彰的"立體報導"形式，把綜合性、全方位的資訊提供給受眾，是深度報導的一種新類型。這一系列報導的觸發點，當然是我國四大銀行推出助學貸款這一新聞事件。對於這樣的事實，可以運用多種報導形式，如動態消息或專業人士訪談，但《南方週末》卻注意到這一舉措對於莘莘學子不同尋常的意義，以及對於社會各方面可能引發的連鎖反應，所以特意精心策劃了一期全方位的系列新聞，從多角度聚焦於"助學貸款"。這組系列報導顯示了"議題建構"新聞的規模效應，多種報導形式、報導角度又反映出媒體多面、周全的思考和服務精神。應該看到在"天涯共此時"的資訊時代，傳媒再也不可能有"獨家的新聞"，而只能通過巧妙的議題建構努力追求"獨家的報導"。

　　傳播學者對議題設置有一句名言：議程設置是一個過程，它既能影響人們思考些什麼，也能影響人們怎樣思考。這對深度報導也有啟示。一般來說，深度報導的選題時，就要考慮遴選議題的"共名性"（是一個時期的中心主題，能引起社會的共同注目）、話題的空間性（最大的規模效應）、受眾的互動性（能吸引公眾參與討論）等要素，並且必須清楚媒介的"把關"和"守望"

---

6 見《南方週末》2000 年 12 月 7 日。

位置，確定內容上的“影響人們思考些什麼”，以及方式上的“影響人們怎樣思考”。如，村民行使罷免權，是法律賦予村民的民主自治權利，也是中國大陸實行農村基層民主建設出現的新鮮事，然而這種權利在現實中並沒有得到應有落實 ——《誰在阻撓村民行使罷免權》[7]這篇報導，把新聞焦點設置在當前我國基層民主建設帶有普遍性的問題上，就聚焦在了具有時代“共名性”的話題上。該新聞的“由頭”，是記者接到浙江溫州水心村村民來信，反映他們在罷免不被信任的“村官”過程中，受到當地有關部門無理阻撓這一事實。在深入調查、採訪過程中，記者卻發現，溫州鹿城區民政局、城郊鄉政府對自己的做法有種種“合理”的解釋，如他們認為在罷免書上簽名的村民中，有一部分村民“不是村民本人願意”，“在282位簽名的村民中，還有非本村村民的情況。”當地領導的解釋似乎言之有據，這樣，村民的罷免理由就頗值得懷疑。那麼事實到底是怎樣呢？記者以答疑解惑的深度採訪法，通過“校對核實”、“隨機抽樣”等調查過程，給讀者展示了真實、客觀的情況。新聞到此並沒有結束，記者又進一步採訪了法學專家，認定鹿城區民政局未經調查簽署意見“一方面是一種主觀武斷，是一種越權行為”，而鄉政府的不幫助召集，從法律上講“也是一種‘不作為’的違法。”這篇新聞很有敘事的節奏感，記者用層層深入的深度挖掘，充分顯示了“用事實說話”的力量。越是真理在手，記者卻越是不慍不火，竭力通過對事實的詳盡展開顯示“理在村民”的真實意圖。調查過程一波三折，構成了報導的“遲延”帶來的戲劇效果，很好地體現了議題設置所要求的“過程性”，同時也增添了我們閱讀的張力。

---

7 見《中國青年報》2000 年 10 月 13 日。

三、"對立話語模式"理論

"一個世界，多種聲音"。描述了當今世界已進入了一個需要"對話"、溝通和相互理解的時代。

每一個時代都有特定的話語形式。回顧 20 世紀 80 年代，傳播學科通過反省自身、發現自我局限，以及包容新理論、新方法等手段來發展自身。但總體地看，當時的主導話語模式靠的是攻擊差異而不是理解和運用差異以推動學科的建設。這種話語模式限制了我們包容差異的能力，使人們只能在鬥爭、共存或孤立之間作出選擇，人們很難進行合作。人們期待另一種話語 —— 一種允許多樣和變換的聲音、接受多樣化而不是試圖消除、忽略或吞併對立觀點的話語。傳播學的景況，可以被視作為整個世界的人際傳播、文化傳播的一個縮影。

一個有潛力推動時代對話的概念是"聲音"。它源於批判理論和女權主義文獻，指的是一種立場或一個說話的位置，包括誰能說、何時說和怎樣說。作為一個時代性的隱喻，這一概念引起了人們對於一些經常被忽略、被抑制或被誤解的獨特觀點的注意。它揭示了聲音被植根於意識形態和政治統治的權力關係的過程，也提出了創造機會參與對話的方法。聲音概念對我們學科的一個重要貢獻在於，它揭示了社會關係中一些看不見的方面，或者說它為我們指出了一些聲音是如何變成主流的，而其他聲音又是怎樣被邊緣化的。

為了避免"聲音"失語和邊緣化，我們有必要提倡聲音的多樣化。所謂"多樣的聲音"應從兩方面深入理解：一是多樣的聲音不僅僅是各種聲音的簡單集合，也不僅僅是將"各路人馬"聚在一起，而是主張參與、互相理解和欣賞差異；二是多樣的聲音不是"唯我論"，也不是崇尚相對主義所導致的"百花齊放"。
它恰恰向"所有主張都是有效"這種信念提出了挑戰。因爲"對
多樣聲音的接受，也需要評價和選擇，但這些主張要以觀點作爲
支撐並輔之以言之成理的解釋。關於嚴格精確和內部一致性的標
準和慣例應該隨著觀點的變化而變化，這也應該作爲多樣聲音的
特徵而被保留下來。參與對話需要接受和允許不同的理解形式。"
8

在多樣的聲音中，有一些以"對立話語"的範式存在。所謂
對立話語，指的是重視和接受差異的實踐，而不是把差異劃分爲
嚴格的兩極，如理論對實踐、認同對反對、真實對虛假。以對話
爲基礎，這一實踐力圖揭示出相反的立場，並尊重不同主張的完
整性。在接受源于差異的張力、探求差異之中和差異之間的分歧
與矛盾的過程中，對立話語得以產生，而它們指向的正是聲音的
轉變和新的理解。總之，從傳播視野看，社會的發展需要一種不
同類型的話語 —— 這種話語便能夠吸納多樣變換的聲音，保留對
立的張力，並能建立至關重要的聯繫。

對話話語模式理論，能不能給深度報導提供啓示呢？答案是
肯定的。眾所周知，深度報導鑒於其特殊的社會功能和話語方式，
一方面通過發出自己的"聲音"來實現社會職能，如輿論監督、
社會批評、人文關懷等，另一方面又往往引入各種"聲音"（包
括對立話語），建構起時代性的話語平臺或論壇，從而使受眾充分
知悉各種意見和主張，而不是被一種權威中心輿論"遮蔽"邊緣
性意見。這個過程中，媒介或記者當然不是無所作爲，但其主導
"聲音"主要是通過消化和融通社會各界意見（包括邊緣性意

---

8 Peters, J.D.（1986）. Institutional sources of intellectual poverty in communication research.

見），由此來體現社會民意的總體輿論。

以對立話語模式理論觀照深度報導，一種新的、清澈的視野之窗自然會被悄然打開。

首先，深度報導要引入多樣的聲音，允許各種聲音存在。多樣的聲音有兩個關鍵性特徵：（1）通過聯繫各種主張來達成相互參與；（2）跨越不同領域、階層等來理解聲音的變換。媒介是社會的公器，除了報導訊息外，很重要的一點是它能夠提供一個論壇，聯絡各種觀點的人參與討論，從而真切地反映來自社會各方面的態度和意見。深度報導之"深"，如果只是單向度的意義之深，很有可能是偏頗的或者是想像性的先驗理論，唯有"廣開言路"，經過各種意見的征討，在此基礎上形成的"理解的聲音"才是真正深刻的。例如，經濟報導中關於經濟形勢預測，如果只是引述某位政府官員意見，即使頭頭是道，也只能作為一種訊息僅供參考，反之，如果是綜合了政府官員、經濟學家、企業界乃至普通百姓的多種見解和分析，由此形成了總體性意見，這種話語方式才符合深度報導的運作思路。某種程度上講，有多種聲音存在，構成了深度報導的一個基本前提。

其次，深度報導要接受和理解差異，保留和包容對立話語。在現代社會中，社會言論因價值觀不同和各種利益所在，話語形式往往是分裂的和多樣的。新聞傳播應認識大眾文化時代的基本景況，解構以往"你死我活"的"二元論"思維模式，重新建立比較具有適度寬容性的現代思維方式。以深度報導為例，它需要保留一種不同類型的話語，納入不同理論觀點、倫理價值、文化立場的不同聲音，並且保留那種對立的張力。需要作出說明的是，保留對立話語並非是一種裝飾，還需要媒介或記者要以觀點作為支撐，並輔之以言之成理的解釋。沒有了媒介的立場，深度報導就沒有了靈魂，也不再是一種結構化的報導。

再次，深度報導要融合眾家觀點，但也要給予新的"賦義"。如前所述，深度報導面對各種話語並非毫無作為，而是要在各種話語之間建立內在聯繫，有一個"賦義"過程的。那麼我們如何才能通過認同多樣變換的聲音和接受對立的張力，來建立行之有效的聯繫呢？

（1）梳理和提煉知識。深度報導可以被看作是提供了一個"論壇"，在這裏瞭解不同觀點之間的矛盾，加深對新生概念的理解，以及歸納有關的不同立場。

（2）通過探索共同的問題進行聯繫。傳播學者契尼（Cheney）認為，這一過程如同手電筒，它照亮了黑暗房屋的某一部分，從而把其他部分都轉變為光束的邊緣；當光束移動時，它照亮的部分和沒照亮的部分也轉變了。也就是說，深度報導可以擷取一個特定時期共同關心的問題，以探討的方式"照亮"它，而隨著問題的進展而轉變方向，逐漸認識"房屋"的全貌。組合型深度報導的原理大致如此。

（3）用不同的話語來承載廣泛的政策議題或社會問題。一個問題的提出，不同專業、不同知識背景、不同觀察角度都可能會作出不同的解釋，這就會對一些社會複雜問題提供廣泛的認識視角，從而更深刻地理解問題。例如某政策的出臺，持不同聲音的人們會提出擁護或反對的問題，如果能接納對立的觀點，並通過相互的爭辯提出新的見解，那麼深度報導的社會功能無疑就最大化了。

（4）參與並欣賞對立話語。對話需要尊敬和欣賞與己不同的立場。學術討論中，"對立式的調查研究不是勸說、整合或依附。它強調的是聯合的行動和協調，以保護和頌揚差異。它的目的在於保存而不是消滅或忽視圍繞著諸如表述、嚴謹、精確、關聯等問題的壓力。"[9]同樣如此,深度報導對待各種聲音的態度,也不是簡單的"吸納"(按照自己的口味)或排斥(如邊緣性的聲音),而是有主見的欣賞和理解。

我們認爲,依賴於上述基礎上的融合眾家觀點,並逐漸建構起比較穩妥、公正的認識視角,那麼這種深度報導的"主旨"才是可靠而深入的,這種"賦義"也才是理想的切入狀態。

9　〔美〕L・普特男〈變換的聲音〉,《新聞與資訊傳播研究》秋季號(2002 年 9 月),頁 62。

深度報導的敘事策略

　　海頓·懷特曾經談論過敘述對於歷史事件的改造。根據他的觀點，歷史學家常常按照情節模式重新編碼。確立一些敘述的中心，找出原因和結果，許多混沌的歷史事件從而顯示開頭、中間和結尾 —— 這些處理其實與文學異曲同工。如同歷史，新聞也僅僅是一種語言加工的產品，真實的歷史事件漸漸遠去，遺留的僅僅是文字記載。"所謂的歷史真實 —— 按照羅蘭—巴特的觀點 —— 無非是某種語言效果罷了。"[1]

　　敘事學（Narratologie）是結構主義思潮和俄國形式主義的雙重產物，它的研究物件包括一切帶有"敘事性"的作品。法國著名符號學家、文體論者羅蘭·巴特在《虛實作品結構分析導論》中指出：敘事具有普遍性，口頭語言、書面語言、畫面、手勢等諸多材料都適合於敘事，神話、傳說、民間故事、小說、詩、戲劇、繪畫、電影、廣告、社會雜聞、會話都構成敘事。顯然，新聞報導作為對歷史的記錄，作為用語言編碼的符號系統，也必然是一種敘事性作品。

一、敘述者 —— "誰在說話？"

　　關於敘述，人們首先應該質問聲音的來源："第一個問題：

---

1 南帆，〈小說和歷史的緊張〉，《讀書》第 11 期（2003 年 11 月），頁 45。

誰在說話？在所有說話個體的總體中，誰有充分理由使用這種類型的語言？誰是這種語言的擁有者？"[2]可是，"敘述者"常常被包裹在謎一樣的霧中。

敘事學認爲，敘事行爲的背後存在三個層面：作者、隱含的作者、敘述者。作爲現實的個人，"作者"從屬於現實世界，無疑具有堅實的心理內容和社會屬性。但是，理論家的研究表明，另有一個"隱含作者"存在於文本世界內："他，或者更確切地說，它，沒有聲音，沒有直接進行交流的工具。它是通過作品的整體設計，借助所有的聲音，依靠它爲了讓我們理解而選用的一切手段，無聲地指示著我們。"[3]隱含作者位於話語行爲的深層結構之中，與"作者"之間息息相關，但決不能簡單等同："一個作者在他的作品中表現的思想、信念、感情和他在真實生活中所抱有的思想、信念、感情，可以不一樣，甚至可以相反；他也可以在不同的作品裏表現不同的思想、信念和感情。"[4]

相對而言，敘述者是承擔話語陳述行爲的主體，通常活躍於表層結構之中。任何作品中的事件、人物，只有通過敘述者的講述才能被感知。沒有敘述者這個陳述行爲主體，就沒有事件或人物這些陳述內容。本傑明認爲："敘述者對故事的影響力與陶器匠的技術對陶器的影響一樣。"[5]實際上，敘述者不僅在陳述事件和命名人物，而且在"參與"故事。敘述者參與故事的程度，敘述者的作用被感知的程度，敘述者的可靠性，都干預、影響著事

---

2 〔法〕蜜雪兒·福柯，《知識考古學》（北京：三聯書店，2003），頁 54。
3 〔以〕裏蒙 ― 肯南著、姚錦清譯，《敘事虛構作品》（北京：三聯書店，1982），頁 157。
4 同上，頁 156。
5 轉引自吳煒華〈新聞攝影的敘事學分析〉，《現代傳播》第 1 期（1999 年 1 月），頁 27。

件和人物。可見，敍述者在本文中的位置尤爲重要。

　　事實上，深度報導中敍述者或記者在本文中是否"在場"與"出入"，或者說記者在本文中是否"參與故事"對於敍述來講是至關重要的。敍事話語中，通常用"人稱"來標示敍述者在文本中的位置。根據深度報導中敍述的實際情形，敍述者主要有"作者"、"全知者"、和"作品中的人物"這三類。一般來說，由作品中的人物來擔任敍述者的情況較少，所以"敍述者"主要以"作者"和"全知者"的身份出沒於文本中。

　　1、敍述者爲"作者"。記者與"作者"（敍述者）身份合一，敍述的內容通常是一個關於自身或包括自身在內的故事，這時的敍事大多使用第一人稱。這種敍事方式，常常見諸體驗式或目擊式的調查性報導之中。由於記者採用第一人稱敍述，並不隱去"作者"身份，因而他真實的經歷、心靈的體驗也交織在一起，調查的過程也就是逝去事件的展現過程。如果將調查性報導對新聞事實的再現當成一種敍述，那麼無疑，一個"個性化"的具體的講述者是必不可少的。應該說，當敍述時記者以　"第一人稱"（強調親身經歷）來展現調查過程，從理論上說是最爲自然合理的敍事方式。

　　敍事作品一般存在兩種視角：一種是所謂內視點或稱內部聚焦式，敍述者可以介入人物的內心世界，這個人物就是敍述的視角；另一種是外視點或稱外部聚焦式，認爲任何關涉內心世界的敍事行爲都被認爲是非法的，敍述者惟一的事務是限於描寫可見的行爲或特徵。那麼由此觀察上述報導，當敍述者以"記者"身份出現於文本中的時候，他經常使用的是外視點，其觀察是"職業化"的 — 直陳事實，再現情景，細節生動；而當敍述者以當事人之身隱現於文本中，"內視點"就折射出來了，其筆觸就飽含著一種親身體驗的心緒，並浸透於個性化的語言和表述的"聲音"中。兩種敘述"視角"經常融合在一起，這恰恰強化了調查性報導的真切度，容易把讀者帶入當時當地的情境之中。

2、敘述者為"全知者"。當記者以"全知者"身份進入深度報導時，記者不出現在他敘述的故事中，基本上已從文本中隱去。這時的敘事多採用"第三人稱"，以一種客觀中立的敘述姿態，與報導物件保持一定的距離。這種敘事方式在深度報導中更為通行，尤其為解釋性報導中所常見。例如 2003 年 11 月 7 日《光明日報》刊登的深度報導〈"家族"時代的完結〉，全文從 10 月 25 日俄羅斯石油大亨、尤科斯石油公司總裁多爾科夫斯基被捕，以及引出的一連串相關事件開始敘述："當天，俄總統辦公室主任沃洛申向總統遞交辭呈；30 日，檢察院凍結尤科斯公司部分股票；大洋彼岸的美國國務院對俄總檢察院凍結尤科斯公司部分股票表示不安；俄外交部立刻給予反駁，呼籲華盛頓不要干涉俄內部事務。真是一石激起千層浪。"顯然，這種敘述只是客觀陳述事實，而記者的聲音基本消失了。接著，記者以"全知"視角，參引各種背景材料和引語，分析"家族"性的金融寡頭是怎樣形成的、普京是如何討伐金融寡頭左右國家政治生活，以及對霍氏被捕俄各界的反映等等。在這種敘事中，記者採用的是外部聚焦法，借助詳實的背景、各界反映和局勢觀察，將事件的來龍去脈和未來走向呈示出來。

這種"全知全能"的敘事中，敘述實際上是全方位的，法國熱奈特因此稱之為無焦點或零度焦點。"零度寫作"被羅蘭·巴特認為是一種新聞式寫作，因為"這種中性的寫作存在於各種呼聲和判決的汪洋大海之中而又毫不介入，它正好是由後者的'不在'所構成。但是這種'不在'是完全的，它不包括任何隱蔽處任何隱密。於是我們可以說，這是一種毫不動心的寫作，或者說一種純潔的寫作。"[6]

我們認為，儘管絕對的"零度寫作"是不存在的，但在新聞中儘量減少記者的主觀性滲入，仍然是不失新聞客觀性的最佳保證之一。新聞學者霍亨伯格（John Hohenburg）指出：新聞寫作中包括一種說出意義的責任，但並非說記者有權評論這則新聞。在他看來，記者處理解釋性新聞時要注意的具體問題有下述三點：（1）顧及背景資料的完整性，應能對主題作多面、通盤性的呈現，亦即符合客觀和公平的原則；（2）解釋過程中，儘量舉列數位和事實，而非記者個人意見，以便增加信實度；（3）記者應深入瞭解主題，有時數位和事實不能說清問題的真相，因此要借助記者有關方面的知識和過往處理新聞所累積的判斷力。解釋性新聞的好壞，主要看記者解釋觀點、方法和所用佐證的事實。

3、敘述者為"作品中的人物"。在新聞報導中，敘述者能不能由"作品中的人物"擔任，恐怕在學理上會引起較多爭議。因為在傳統新聞寫作理論中，新聞採寫的主體是記者，因而敘述者自然是記者。但是在新聞實踐中，隨著受眾和媒體之間的互動逐漸增多，傳播中"受眾意識"不斷增強，公眾"反客為主"已非鮮見，各種媒體已遍佈所謂"自述體"新聞。"自述體"新聞表面看只是敘述者由"記者"向"公眾"移位元，敘述方式仍沿用"第一人稱"，但其本質卻發生了根本變化：因為"媒介有種重要功能，即'提升素材'或'授與地位'，報導出來就是例子、代表或典型。受眾將以一種特殊的心態來接受和思考它的含義。"[7]並且，在具體操作中，媒體除了適量刊播自述新聞以外，通常還

6 〔法〕羅蘭・巴特，《符號學原理》（北京：三聯書店，1988），頁102。
7 張立偉，〈公民道德建設與媒介引導的形式〉，《當代傳播》第2期（2002年2

會同時配發"採訪手記"或"編後"，或約請專家、學者發表他們的看法（評論），因此公眾的"自述"只能看作是整個報導中的一部分，這樣所謂人物"自述"也只能被看作是"作品中的人物"的敘述。

目前，自述體的深度報導大多出現於"情感類"欄目或版面，如《北京青年報》的"情感線上"、《深圳晚報》的"情感熱線"、《楚天都市報》的"講述"，CCTV 的《生活空間 —— 講述老百姓自己的故事》等。他們刊播的都是讀者講述的情感經歷或生活感受，大致可分關懷故事、婚戀故事、成長故事、社會故事、親情故事和警示故事等。對於"情感報導"，有人認爲是"具有小說筆法或散文筆法，以揭示人的情感歷程爲己任的新聞報導。"它屬於廣義新聞報導範疇，因爲"新聞資訊包含事實資訊、意見資訊和情感資訊。"[8]以此作邏輯類推，那種以深度展示人的情感歷程，傳遞人生哲理的報導，是一種情理兼勝的深度報導。

刊登於《廣州日報》的〈下輩子，我們還當母子 —— 一位痛失兒子的母親自述〉，這是一篇口述性新聞，新聞的發佈者是"一位痛失兒子的母親"。由於新聞是親歷者自己敞開心扉敘述出來的，字裏行間飽含著她特有的情感、思想和內心活動，且帶有濃郁的生活氣息，讀起來親切、自然，所以報導發表後感動了無數身爲父母和孩子的心。根據這篇新聞拍攝的電影，同樣在廣大觀眾中產生了強烈的感情共鳴。這篇報導爲讀者提供了母子情深的最佳範本：雖然面臨死亡，卻灑滿愛和陽光。在母親眼裏，患有惡性淋巴瘤的兒子雖身患絕症，心理卻是健康、明朗的。他不僅懂事明理、頑強樂觀，而且懂得人間最重要的東西 —— 愛。在當

月），頁 40。
8 李元授，《新聞資訊概論》（武漢：武漢大學出版社，1996），頁 26。

前許多人把金錢看作生活唯一，忽視、淡漠了親情體驗的時候，那種真摯的愛確實具有動人肺腑的力量。這篇報導相當具有情感衝擊力，這種力量來自於題材，更來自於一種無私、奉獻的精神。報導中許多催人淚下的細節和語言，都非常真實地展示了人性的光輝和愛的偉大。報導以〈下輩子，我們還當母子〉作標題，也把口述新聞蘊涵的人間真情準確、深刻地揭示了出來。

二、深度報導的敘事結構

敘事學認爲，結構即資訊，是一種"召喚性的呈示"。對於敘事的新聞文本來說，文本的結構就是敘述方式的綜合。

荷蘭著名學者梵‧迪克（Van Dijk）是當今話語分析學的代表人物，他在分析了以解釋性報導爲代表的新聞文本之後，總結出了一種樹形的"新聞圖式結構"[9]。這個"假設性新聞圖式結構"，指明了深度報導文本中新聞話語的各種形式，以及各敘述要素的等級順序。至於如何展開敘事，記者則應在統攝性思維制導下，根據新聞內容和報導策略，相應地組織、調度各要素，形成一種召喚性的文本結構。《南方週末》一位元資深記者在總結其報導經驗時，指出深度報導的敘事結構是一種"菱形結構"，即兩頭小中間大的報導結構。這種文本結構一般以如下方式展開：

（一）以新聞故事、情節、細節、對話、當事人的直接引語爲引子，儘量避免對事件的大框架、總體描述爲開始，其目的是爲了吸引受眾進入事件之中。這裏以《南方週末》發表的深度報導〈司法醞釀重大變革〉加以說明，其開頭寫道：

　　7 月，北京的正義路除了最高人民法院正在進行修繕施

---

9 參見〔荷〕梵‧迪克，《作爲話語的新聞》（北京：華夏出版社，2003），頁87-88。

工，一切看上去還是老樣子……

　　7月22日，最高人民法院邀請眾多知名法學者前來商討改革，"氣氛坦然"。一位與會者說，談到一些關鍵改革時，"我甚至忍不住站起來，面對三位副院長說，這個問題如果不改，將愧對國家，愧對人民！"

　　（二）新聞之展開，也就是新聞的主體部分。這裏是陳述的重點，將詳細報導記者的調查過程，嵌入背景資料，描述總體狀況，闡發意義等，引導讀者進入到問題的實質中去。這裏還是"事實論證"的中心，將全面報導當事人的完整敍述、矛盾雙方觀點陳述、中立者評價、旁觀者見聞、專家學者意見、檔資料徵引等等。

（一）背景的引用

　　結構主義敍事學非常重視"語境"的功能，認為任何事件只有被置於一定的語境之中，才能生成意義，從而為讀者所接受和領悟。深度報導經常提供背景，不僅使人們清楚現實事件的歷史緣由，而且擴大了敍述的語境，由此一些事件的重要性或嚴重性就顯示出來。敍事過程中，語境是由敍事者創造出來的，而背景的運用恰恰是有效擴展語境的方式之一。深度報導強調"把新聞事件置於一定意義的脈絡之中"，因此它對於新聞背景的依賴是遠遠超過其他任何新聞文體的。仍以〈司法醞釀重大變革〉為例，為說明司法體制改革必須進行，報導引用了大量背景，如"楊志傑被超期關押12年案"、"僅有小學文化的山西某縣'三盲'姚小紅當法院院長"、"同樣只有小學文化的陝西某縣'舞女法官'王愛茹當法官"、"日本的司法改革經驗"等等，都增加了人們對"變革"必要性的全面認識，並且也擴展了文本的意義。

（二）話語的引述。

　　引語的運用是新聞報導的基本手法之一。它不僅可以增強報導的客觀性，揭示意義，而且對於敍述來講，還顯示了"在直接引用和大意轉述之間建立一種巧妙的節奏，從而增加全文的變化"的功能。採訪物件的話語引用既是"變筆"的開始，也是敍述節奏轉換的"節點"：

> 實務部門在司法改革中表現出了極大的熱情，但學界對此普遍表現出適度的擔憂。他們認為，司法機關自己拿方案搞司法改革，不可能做到超然和中立。
>
> 中國人民大學教授陳衛東認為這樣的改革必須檢討，他說，迄今為止，我們所看到的司法改革仍然是司法機關"自身內部"的事情。
>
> 他認為，"囿於自身的地位和權力，對於涉及其他國家機關的組織體制、權力配置等全局性的司法制度問題，法檢兩家在各自制定的改革目標中則根本沒有涉及。"
>
> 中國人民大學法學教授楊立新也認為以往的司法改革"缺少一個統一的靈魂"，"法院搞一套，檢察院也搞一套，司法行政部門又搞一套。各項改革措施各不銜接，相互矛盾。"

這段文字，記者陳述和直接引述相互搭配，互文穿插，是"變筆"的妙用；同時，專家的評論強有力地支撐著記者的觀點，並更為權威地點明瞭問題危害的實質。

（三）**多層面透視。**

文本結構中，"語義"在不同敍述層面是可以逐層分析的，原因是敍事本身是從一個事件的多層面切入，已經布下了每一層次的"意蘊"。我們知道，深度報導之"深"，其一個特徵是深在把事實置於不同的背景層面上，進行步步深入的主題開掘，從而在滿足人們"事實資訊"、"意見資訊"和"情感資訊"的同時，獲得一種總體性的認知。一般來說，多層面的透視會形成多個"次主題"，這些"次主題"構成邏輯性的"意義脈絡"，最終指向全文的總主題。如〈司法醞釀重大變革〉，記者首先以"不平靜的北京正義路"（即"有關司法體制改革的討論"）作為引子，然後即展開逐層透析，引出以下幾個意義群落：一、不改行不行？二、改革如何進行？三、日本經驗；四、改革指向。這裏，每一個層面都構成一個獨立的部分，並呈現出很明顯的邏輯關係。

（三）結尾。有力的或意味深長的結尾，對於深度報導來說十分重要。深度報導特別講求首尾的連貫性，"它要求如果報導從某位元人物寫起，就一定要以這個人物收尾，如果報導以一個戲劇性的場景開場，結尾也一定要回到這段場景中，使受眾在對一個具體的人物或場景的感受中，再次回味大問題。" [10]〈司法醞釀重大變革〉的結尾是這樣完成的：

> 據透露，以上的部分建議已經被有關部門吸納，"一些已經鐵板釘釘，一些已經開始籌備"。樂觀者認為，司法改革註定是一個漫長的過程，它比如是有計劃、有節奏的漸進過程。一位學者用聖經上的話表達他對司法改革的耐心 ——"那門是窄的，那路是長的。"

這個結尾，一方面再次對報導事實給予說明，另一方面又饒有意味地"點"出了司法改革的艱難。我們說這樣的結尾照顧到了敘述的完整性，是一個有力而得體的結束。

10 喻國明，〈深度報導：一種結構化的新聞操作方式〉，《電視研究》第 4 期（2002年 4 月），頁 15。

深度報導的話語分析

　　我們知道，語言學以句子爲研究單位，超越句子的單位稱之爲“話語”。話語可以是一句話，也可以是整部作品。換言之，話語是一個語句系列或語句系統。

　　作爲一種資訊的傳達機制，話語承擔了兩種類型的溝通功能：一種是描述外在的事物和種種景象，法國理論家熱奈特稱之爲“顯示”；另一種是表達說話者的主觀態度，熱奈特稱之爲“講述”。就新聞的敍事話語來看，儘管兩者不能截然分開和對立，但是，具體的話語活動通常有所側重。總的來說，敍事話語可以劃分爲“以敍述事實爲主”和“以表現情態意念爲主”兩種向度。

　　按照荷蘭學者梵·迪克的分析，以深度報導爲代表的具有複雜結構的新聞話語，一般可以分爲以下三類：（A）強調新聞事件真實性的描述性話語；（B）建立新聞事實之間聯繫的建構性話語；（C）提供情感、態度、觀點等資訊的暗示性話語。[1]從新聞話語分析中不難發現，（A）類的描述性話語以敍述事實爲主，它的功能是“顯示性”的；而（B）類的建構性話語和（C）類的暗示性話語則有明顯的主觀性，是一種以表現情感意念爲主的話語形態，其特徵是“講述性”的。新聞話語的微觀結構分析，爲我們

---

1 參見〔荷〕梵·迪克《作爲話語的新聞》（北京：華夏出版社，2003），頁87-88。

從事電視深度報導打開了全新的視界。

一、發揮多樣化的話語功能

我們知道，深度報導之"深度"，既來源於事實本身，也離不開記者對事實的開掘。前者要求以客觀、公平的原則，陳述事件，列舉數字和細節，其話語形式通常是"描述"；後者則強調記者主體意識的滲透，在立場與視角的統攝下，以情感意念涵化事實，呈現出觀點、態度和價值判斷，因此其話語形式是"講述"。一般來說，真正優秀的深度報導其話語形態往往是多元而豐富的，參差、變換的話語風格能夠反映記者的筆力與才情。

我們不妨逐段分析深度類節目《中國土地憂思錄》文本之第五部分《也爲城市居民說句話》，其話語形式就顯得迅疾多變而富有韻致：

（1）觀點 —— 大多數市民從中國的"圈地熱"中受益有限。

（2）引述 ——《參考消息》刊載〈製造一顆經濟定時炸彈〉：在北京，平均每 3000 個市民就有一家房地產公司！全中國有超過 3 萬家的房地產公司。

（3）引述，延伸認識 —— 常駐北京的政治經濟學家勞倫斯·布拉姆文章：建築狂潮仍在繼續。台商透露，爲了得到批准和許可證，他們平均每月需要支出幾十萬人民幣的娛樂費。

（4）闡釋 —— 這些黑暗的成本堆積成高聳入雲的房價，需要一般人家兩輩子積蓄才能購置。

（5）轉述和引述：國土資源部提供的統計表明，80 年代末以來，土地出讓、轉讓造成的國有資產流失最保守的估計每年也達 100 億元以上，"比走私造成的損失還要大"。

（6）闡釋 —— 中國房地產泡沫直接威脅中國脆弱的銀行系

統。

　　（7）舉例、闡釋 —— 以北京為例，多數企業由於缺乏開發實力，往往靠炒地皮、賣專案維持生計。

　　（8）轉述 —— 據媒體透露，只有近億元資金卻敢操作十幾億、幾十億項目的企業大有人在。

　　（9）引述 —— 央行公佈《2002 年貨幣政策執行報告》披露：違規貸款嚴重，違歸金額總數高達 366 億元，實際數字比這還要大。

　　（10）觀點 —— 有些城市的拆遷改造史，簡直變成了居民的辛酸史、血淚史，破壞了經濟發展、市場秩序、社會公平與穩定。“拆遷”已成為與“三農”（農民、農業、農村）問題同樣突出、同樣是新一屆政府必須重點解決的社會經濟問題。

　　通過文本分析可以得出結論，記者在敍述中基本上採用了引述與闡釋、陳述與議論、主觀與客觀等不同話語交替轉換的筆法，也就是描述性話語與講述性話語輪換展開的敍事方式。我們認為，恰恰是這種“轉換”或“輪換”，使不同的話語功能得以生發，並構成了行文生動、奇崛多變的審美效果。

　　另外，稍需作點說明的是本文中“引語”的使用。深度報導中的引語是記者敍述話語中的話語，有人稱之為敍述語言的“次語言”。西方新聞界歷來十分重視引語的恰當使用，認為“無引語不成報導”，並在長期實踐中形成了一套專業規則。為了說明不同的引述形式會產生不同效果，或者說“形式”會賦予“內容”以新的意義，我們仍然以深度報導《中國土地憂思錄》加以說明：

　　（1）直接引語。直接引語通常忠實再現消息來源的講話，記者敍述的干預程度最輕，保留了消息來源獨特社會站位元和話語習慣。如：

> 今年 7 月初，一位北京的部委領導到南方考察，經過一個
> 地級市時，當地市長向部長誇耀說：本市新技術經濟開發區沒
> 有花財政一分錢，卻建成了全市最漂亮、最高檔、最綠色、最
> 適合人居住的社區。

> 這位曾在地方工作的部長不客氣地說："這件事你蒙不得
> 我，我瞭解這勾當。從農民手裏賤征貴賣，你沒花一分錢，也
> 許還賺錢呢。這哪裏是征地，分明是吸血嘛！"

這個直接引語形成了獨立的話語形象，它打破了時空的界
限，在引號的作用下，使人物的話語即時地呈現出電視新聞的"同
期聲"的音響效果，強化了記者相關敍述的合法性。

（2）"帶特色"的部分直接引語。"帶特色的"部分直接引
語是深度報導中的特色品種，它產生一中特殊的聚焦作用，即所
引用的"特色詞語"往往會比全部引述看上去更有力，並形成注
意力的焦點。如：

> 《參考消息》轉發的上述報導或許不盡準確，而國土資源
> 部提供的統計則表明，80 年代末以來，土地出讓、轉讓所早晨
> 的國有資產流失最保守的估計每年也達 100 億元以上，"比走
> 私造成的損失還要大。"

這裏的部分"引述"是一個特色話語，形成"焦點"效應：
不僅使讀者直接地感知問題的危害和嚴重性，而且那種不完整的
狀態突然置身於記者的敍述話語中，使讀者感受心理產生了驟然
變化，從而形成新異刺激。

（3）間接引語。與直接引語相比，間接引語爲敍述者提供了
總結人物話語的機會，故具有一定的節儉性，可加快敍述速度。

> 據媒體透露，北京不少房地產開發商自身資金投入量，甬

說是 30%，甚至不足 10%。像手中只有數千萬資金就敢玩幾億資金的樓盤，只有近億資金卻敢操作十幾億、幾十億項目的企業大有人在。

這個引語明顯是不完全引述，記者已作了削減和加工，用在新聞報導中，間接引語的這種節儉優勢往往可以有效地減短句子字數，加強文章的易讀性。

二、勸服性修辭：組構話語策略

何謂 "勸服" ？傳播學著作廣爲引用的是兩位心理學家 D·卡特拉特和 C·霍夫蘭有關 "勸服論" 的研究成果。其主要內容是研究如何才能成功地勸導說服別人的論點。普利茲獎得主、《芝加哥論壇報》總編兼發行人傑克·富勒曾說： "如果他是一名記者並認爲勸服的藝術與他不相干，因爲他與事實打交道的話，那麼他就錯了。他所從事的是改變人的心靈的工作，使人從無知的狀態轉入知的狀態。這意味著他必須掌握向人們傳遞訊息的藝術，而這就是修辭學。" [2]

新聞的勸服，需要借助必要的修辭。從方法論來說，我們認爲新聞修辭不僅限於使用常見的修辭手法，相反，它還包括爲增加新聞報導的真實性、合理性、正確性、精確性和可信度而使用的策略性手段。這意味著，勸服性修辭涉及話語分析的所有層次。

深度報導是主觀滲透性報導，記者的立場、觀點、闡釋、情感、傾向等都融入其中，處理不好就會給人以主觀、片面的印象—— 新新聞寫作就曾經步入過這個誤區。因此，深度報導如何借助必要的修辭策略，以達到言語表達效果，使語義表述不僅使受

---

2 〔美〕傑克·富勒，《資訊時代的新聞價值觀》（北京：新華出版社，1999），頁 111。

眾理解，而且還能夠使之作為真相或至少是可能的真相而被接受，就成為一個無法繞過的問題。

深度報導的實踐也映證了這個判斷。例如，我國電視新聞中有一個現象就讓人深思：同樣是深度報導，那些正面報導、典型人物、先進典型的報導收視率要比監督類、曝光類節目低。為什麼會出現這種情況？很多人認為這樣的選題天然優勢不足。可是能不能再問下去：為什麼這樣的選題天然優勢不足？是觀眾不喜歡看美好的人與事物？還是我們對這些人物與故事的講述沒有讓人信服？回答是：也許編導記者們的故事選擇都是從真實出發的，但那些真實材料的組織和講述方式卻走向真實的對立面，讓觀眾感覺到不可信。

因此，一些很好的典型為什麼在報導後形成不了"典型效應"和"典型力量"？這固然與我們長期以來奉行"報喜不報憂"、將報導與宣傳混為一談，從而在公眾中形成"正面報導不可信"的心理逆反有關，但從敘事角度看，更深層次的原因是我們的記者缺乏"勸服"意識和有效手段。"典型"能不能產生效應和力量，"這在很大程度上取決於記者的敘述方式，傳統的方式經常把典型類型化。典型應該是有個性的，是具體而生動的，而一旦將其類型化，就會使報導陷於概念，流於套路和口號。這是一些典型報導不具感召力和吸引力的重要原因。"[3]

新聞的勸服性修辭告訴人們：為了讓受眾注意、理解、再現、記住、最後接受，以至與他原先的認知體系融為一體，新聞話語本身就需要作進一步的組織。這種話語組構也有一定的策略性手段，譬如，解釋性報導中，為增強新聞的勸服力（通常由"真實

---

3 孫玉勝，《十年 —— 從改變電視的語態開始》（北京：三聯書店，2003），頁101。

性"、"合理性"、"正確性"、"精確性"和"可信度"等要
素體現），記者經常運用的修辭策略包括：大量使用資料、選擇消
息來源和實證材料（抵觸性內容被貶低或完全忽略）、描述事件時
採用與意識形態一致的視角、有選擇地利用可靠的、官方的、廣
爲人知的，特別是有較高可信度的個人、媒體和機構的觀點、介
紹相近而具體的細節、引述目擊者或直接參與者的話以及描述情
感反應或進行情感籲求。而在調查性報導方面，CCTV《新聞調
查》的經驗是：主題具體化、事件故事化、故事人物化、人物細
節化，"用個性化的人物講故事，從故事中反映事件，由事件揭
示內涵。[4]

三、建構視角：呈現文本的"召喚視野"

　　當作者要展示一個敘事世界的時候，他不可能原封不動地把
外在的客觀世界照搬到紙上或螢屏，比如寫赤壁之戰，就複製出
千百里戰場、百十萬人馬，寫寶、黛、釵的愛情悲劇，就在筆墨
之間再現周圍三里半的大觀圓的枝枝節節，以及幾百個奴婢的一
顰一笑。因此，"作者必須創造性地運用敘事規範和謀略，使用
某種語言的透視鏡、某種文字的過濾網，就是視角 ── 它是作者
和文本的心靈結合點，是作者把他體驗到的世界轉化爲語言敘事
世界的基本角度。"[5]

　　所謂"視角"也就是一部作品，或一個文本，看世界的特殊
眼光和角度。敘事角度是一個綜合指數，一個敘事謀略的樞紐，
它聯結著誰在看、怎樣看、看到何人何事何物、看者和被看者的

4　葉子，〈電視新聞評論節目的傳播策略〉，《現代傳播》第 4 期（1999 年 4 月），
　　頁 25。
5　楊義，《中國敘事學》第 1 卷（北京：人民出版社，1997），頁 90。

態度如何，要給讀者何種“召喚視野”等問題。由此看來，視角，實在是敍事理論中牽一髮而動全身的關鍵字。

　　深度報導中，由於記者的社會立場、情感態度、觀照方式、敍事手法等差異，文本中的視角也會呈現出各各不同的差異。它不作明言，卻又無所不在，期待讀者能夠通過各種透視角度綜合發現文本的意義，使之進入某種召喚性的結構之中。因此，無論哪種深度報導的寫作，記者首先要考慮的就是建構和調動視角，借助具有表現力和暗示力的敍事謀略，以展開一種獨特的視鏡。

　　與常規的客觀報導相比，深度報導的視角操作更為錯綜複雜。它既包括宏觀層面的審時度勢、節目定位、欄目設置、效果評價等因素，又牽涉微觀層面的主旨確立、展現方式、文體選擇等到位操作。僅從敍事角度看，視角操作至少應注意以下幾個方面：

　　（1）視角定位。哲學上講，從來沒有離開景物的眼睛。所以視角是形式的，同時也是內容的。敍述形式對於敍述作品的意義來說，決不是一個外加的、輔助性的因素，敍述從來不會讓內容單獨承擔作品意義的任務。視角作為敍事理論中的重要問題，也是如此 ── 內容與形式、目的與手段已完全融合成一個有機體。

　　CCTV《新聞調查》，是一個基本成熟而定型化的電視深度報導節目。早在欄目開播之初，其開創者就為其制定出“三性”創作原則，即：新聞性、故事性、調查性。由這個總體視角出發，人們不難看出它在探索過程中的階段性痕跡：主題性調查→事件性調查→揭露性調查→故事性調查……直至目前，“故事化”（有沒有故事）已成為該節目在釐定選題時的一種傾向，並日漸純熟。在操作性的新聞視角的選擇上，《新聞調查》傾向於讓新聞本身向觀眾訴說事實，節目只是提供必要的新聞背景，解說詞也只起到銜接畫面和內容的作用。在微觀的題材選擇方面，它也有自身的尺度和標準，該節目負責人曾說："一起駭人聽聞的綁架案也許不會成爲我們的調查物件，而一個小人物承包了一列火車倒有可能引起我們的關注；因爲，前者可能只是一起偶然事件，而後者卻預示著某種體制的變革。但同樣是綁架案，如果它的起因表現了嚴重的社會痼疾，則可能成爲《新聞調查》的選題，《新聞調查》的 '新聞' ，有時並不體現通常意義上的時效性，但一定要有厚重的時代感，可以少一些轟動效應，但一定要耐人尋味，可以不是 '人咬狗'，但一定要從 '狗咬人' 中看出些不尋常的東西。"[6]這些思考，可以看作是爲節目設置的目標定位、形態定位和內容定位，每個具體的作品須按照這些定位進行視角設置。

　　（2）視角切入。也就是做哪個 "點" 和從哪個角度突破的問題。當記者開始敍述的時候，實際上面臨著許多 "點" 和 "角度" 的選擇，但其中只有一、二個點的切入才是最有效和合理的，這就需要記者作出明智而有創造性的遴選。仍以調查類節目爲例，記者爲 "打開封閉門和封閉的嘴" ，其切入的視角和方式可有多種多樣的選擇：通過簡單的採訪和背景的補充完成對事件的敍述，或可以用機智的對話完成對事件的調查印證，也可以用尖銳的提問深入事件更深的層面，還可以用平等真誠的交流進入調查物件的內心世界……一般來說，切入的視角和方式應該根據內容確定，同時也要考慮最終的傳播效果。

　　2000 年《新聞調查》播出的《羊泉村記憶》中，幾名 50 多年前遭受侵華日軍性暴力侵害的山西婦女，勇敢地站出來揭露日本鬼子的野蠻行徑。當一位老人講到傷心處之，情緒激動地哭了

---

6 《新聞調查簡介》，http://www.cctv.com。

起來。要不要用這些鏡頭？就看記者的切入視角和方式了 —— 如果只是以講述歷史、描畫記憶角度看，那種哭泣顯得多餘，也有礙觀瞻；反之，如果以"控訴暴行"角度展開，那麼這種情感流淌就是珍貴素材了。節目選擇了後者，於是，當老人抑制不住悲憤，眼淚慢慢滲出來，老人掏手絹擦了一下，記者董倩沒有打斷老人的情緒，而是伸出手輕輕撫摸老人佈滿老繭的手，任老人的情緒蔓延開來。這一段長達數十秒的鏡頭，在此刻勝過了所有語言的控訴。當兩雙反差強烈的手相互緊握時，電視機前的觀眾無不為之動容。然後是對話 —— 記者："大娘，如果不是採訪的話，您還願意回到這個村子來嗎？"老人："不回來，我說過這個村子我就是死了也不回來，討著吃也不回來。"不同的切入視角，節目的敍事方式也不一樣。

（3）延伸視角。主要通過層層迭進、開拓視角實現，目標是達到話語的綜合大於局部話語之和，構成所謂"弦外之音"、"題外之旨"的審美效果。

深度報導講究"小處著手，大處著眼"，也就是通過對事實的深層開掘，揭露被各種權力、利益、道德觀念和偏見等遮蔽的真相，從而延伸人們對事物是認知範圍，滿足受眾的"期待視野"。不僅如此，深度報導還以對複雜問題的深層探究為己任，觸及社會時弊，討論診療方案，具有明確的目標指向。

從觀照事物的方式看，為延伸視角，記者把思路向縱深發展，尋找深層意蘊的事項，以恰當的語言揭示事物自身的特殊構成及內在聯繫。然後，用生動的事實或技術手段由表層到內質，由現在追溯過去，由結果尋求原因，由表層探索深層，一層層地挖掘事物的本質。至於視角延伸的手段，許多記者也作了各自的探索，如，層層剝筍、步步追問的方式，提供參照介面、生發意義的方式，通過恰當而有力的評論，啓發公眾思考的方式等等。對於深度報導來說，"深度"來自於事實，也來自於透視事實的角度，這應該成爲人們的一種基本認識。

"特稿"新論

　　近年來，"特稿"在報紙新聞中的地位日漸彰顯，但究竟如何釐定"特稿"，卻在學理上有待進一步探討。新聞特稿，既指"有組織性報導"的一種形式，也是一種新聞體裁。它泛指各種新聞媒介中的特約稿件。這類稿件，是因新聞媒介在傳播新聞資訊的總體佈局需要或特定的各種背景的需要，爲反映傳媒總體要求或特定導向意圖而組織寫作的新聞稿件。它有別於一般的純告知性新聞報導，也不同於一般的"言論"或文章，而是有針對性、有特別視角，並對某一專門問題進行較系統、較充分解釋的新聞體裁。

　　美國新聞學教授詹姆斯·阿倫森在《特稿寫作與報刊》中則進一步認爲："特稿，通常指報刊上篇幅較長的某類稿件，這類稿件沒有正規的新聞導語，寫的是有關某人、某個機構的一樁新聞事件，或某一政治事件或社會事件。"[1]　從上述定義中人們不難發現，新聞特稿除了"有組織性報導"這一媒介特性以外，同時也是一種有深度的報導文體。

一、如何認識特稿之"特"？

　　特稿是隨著深度報導的出現而誕生的。20世紀50年代，特

---

1 張惠仁，《現代新聞寫作學》（成都：四川人民出版社，2001），頁448-449。

稿作爲美國新聞報導中的重要組成部分，已真正聲譽鵲起，所以
1978 年美國就專門設立了一個普利茲特稿獎。特稿寫作獎在西方
新聞界被視爲實力派記者的標誌，一些新聞研究學者也把特稿獎
獲得者稱爲"普利茲超級明星"，將獲獎作品譽爲"不凡之作"。
在美國，特稿的評獎條件比獨家新聞、調查性報導和現場報導的
評獎條件更爲苛刻。"一篇傑出的特稿首要關注的應該是高度的
文學性和創造性"。[2] 不難看出，特稿寫作更加凸現了傳播資訊
的藝術獨創性，它所青睞的文學性的敍事手法，如精巧的構思，
輾轉的懸念，飽和的情理衝突，出神入化的細節等，都在一定程
度上豐富了新聞報導的技巧，開創了多元的新聞寫作模式。當然，
特稿將文學的敍事手法運用到新聞寫作中，並不是通過這種手段
來達到虛構新聞事件的目的，而是將事件中的矛盾衝突和人們的
情感巧妙展現在新聞事件的敍述中，從而更好地打動讀者，引起
社會的關注。

　　綜觀《普利茲新聞獎特稿卷》獲獎作品，可以看出：一，特
稿題材十分廣泛，大致可以分爲幾大類：第一類主要是非限時的
社會事件的特稿，這類事件中有"硬新聞"的內容，關注的題材
比較重大；第二類是社會各色人物的特稿；第三類是日常生活話
題的特稿。後兩類大致以"軟新聞"爲主，關注社會弱勢群體，
帶有社會公益服務的功能。二，特稿的形式也比較靈活，可以是
對某一事件的分析綜述，也可以是就某個特殊場景進行深入描
寫，或者就某個專題進行不同角度的報導整合，抑或就某個社會
問題或現象進行深入調查或解釋。它不僅是客觀地報導事實，而
且將情感滲透於事實；不是簡單的對新聞事件的一個綜合，而是

---

2 [美]大衛·加洛克，《普利茲新聞獎（特稿卷）》（北京：新華出版社，1999），
　　頁 4。

深度挖掘事實,發現更多有價值的新聞。

　　與一般的深度報導比較,"特稿"之"特"體現在哪裏呢?首先,是選題的取向。我們知道,調查性報導、解釋性報導著力報導的是爲社會普遍關注的重大新聞事件、問題,或者說它主要開掘了"硬新聞"領域,而新聞特稿除了也關注這類題材以外,還把觸角伸向任何自然現象和人類活動,許多不爲調查性報導、解釋性報導重視的"軟新聞"題材,只要讀者有興趣,也會得到充分挖掘。其次,是旨趣的移位。調查性報導、解釋性報導追求的深度旨趣主要在於"訴知",目標是訴諸讀者的理性和知性,引發讀者對社會問題的深層次思考,而感性的畫面、情景和細節僅僅被看作是一種輔助性手段;新聞特稿則有所不同,它追求的深度旨趣更多的是一種引人入勝的"趣味",目的是以寫作打動人心,強化身同感受之體驗,因而尋求敍事角度上的"感性化"、"文學化",其感性的畫面、情節和細節也構成了獲得戲劇性效果的目標。事實上,特稿寫作十分強調穿透新聞事件本身,發現那些隱藏其後真正讓人有興奮感、富於戲劇性的糾紛。

　　"特稿"不是"特寫",也應作區分。特寫是記者選取新聞事實中最富有表現力的局部或片段,集中表現新聞事實的精彩瞬間,是一種立體感和現場感都很強的描寫性新聞體裁。或如美國學者丹尼爾·威廉森所說"特寫是一種帶有創造性的,有時也帶有主觀性的文章,旨在給讀者以精神享受,並使他們對某件事、某種情況或對生活中的某個側面有所瞭解。"[3]而特稿儘管在追求新聞的生動性方面與特寫別無二致,但它不止關注某個事件的局部和側面,還深度報導事物的整體和全貌;不僅對一個瞬間場景作

3　〔美〕丹尼爾·威廉森,《特寫寫作技巧》(北京:新華出版社,1986年),頁3。

生動描寫，而且對事情的來龍去脈作宏觀敍事。換言之，特寫手法可以在特稿寫作中得到運用，但不能等同於一篇完整的特稿。

儘管特稿的特徵賦予了它一定的"特權"，但作爲新聞，仍然限定它不能違背客觀、真實的本質：首先，特稿所報導的事件必須是客觀真實的，而不是記者在腦海中虛構的，這也是特稿和文學作品的最大區別。1996年《紐約時報》記者里克·布拉格獲得普利茲特稿獎，但後來發現作品內容是記者編撰虛構的，於是該獎被取消；其次，須堅持從客觀事實出發，讓事實說話 —— 特稿畢竟是一種新聞報導的體裁，而不是報紙的評論版或言論版。

二、特稿的幾個特別要素

特稿寫作沒有標準化的模式可以去硬套，普利茲獲獎特稿中幾乎沒有哪兩篇的寫作方式完全雷同。特稿寫作不像"客觀報導"寫作那樣有各種關於如何寫導語、主體、結尾等模式參考。但特稿中有幾個寫作要素是十分突出的：

1、情感。從來沒有一種新聞報導像特稿那樣，把"情感"要素提高到質的高度來認識。美國學者大衛·加洛克把特稿定義爲"強烈的情感和內容"特稿"新論富有力度，讓人感動，讓人恐懼，讓人痛苦的新聞。"[4]。與一向強調冷靜、客觀、從事"零度寫作"的純新聞相比，特稿把情感滲透提升到了前所未有的境界。特稿幾乎是席捲讀者的寫作，這方面它顯然受到了"新新聞主義"的影響。它標榜，重要的是要讓讀者感覺置身於事件發生的現場，去感覺事件發生時當事人的一種情感，或喜或悲，或興奮或失望。美國一位著名記者 Thomas Hallman 說過："記者們已

---

[4] ［美]大衛·加洛克，《普利茲新聞獎（特稿卷）》（北京：新華出版社，1999），頁7。

經記不得了人們爲什麼去讀，但我認爲人們之所以去讀是因爲他們想感覺到一些東西"，"我是一個有情感的作者，我要使我的讀者也同樣能感覺到相同的情感。"[5]。

2、故事。大量優秀特稿作品都借鑒和採用了最典型的敘事文學樣式 —— 小說的故事形式，各種小說的敘事手法在特稿中都得到了廣泛運用。正如 Rene Cappon 所說："好的特稿僅僅只是一則好故事的講述"[6]。《策普的最後一站》的作者馬德琳·不萊斯也認爲，她僅僅在爲"講一個好故事，而且儘量使自己在講故事中身心舒展"而努力。特稿作者往往都試圖通過用文學色彩較濃的敘事語言和戲劇化的安排去撥動讀者內心對事件本身的一種強烈的欲知感，儘量使報導從頭到尾都讓讀者感興趣。

3、"時效"的忽略。一般新聞報導對時效性、以及用語的簡明、直接等方面的要求都非常嚴格，而特稿卻對時效性不作特別嚴格的要求，以便記者有充足的時間進行深入的調查、搜集有關資料，以更嚴肅的態度去探尋現象背後的深刻問題。新聞史上，有的特稿記者甚至和被採訪者生活在一起，成爲他們的家庭成員，目的是爲了寫出更爲生動感人的特稿作品。如 1991 年綺麗兒·詹姆斯寫《棄嬰》，共花了 8 個月的時間，獲獎後她回憶：在報社的支援下，"我可以自主地支配時間，並得到鼓勵以最大限度地利用所獲材料。"她得到當事人裘蒂母親的信任，搜集了很多線索，最終完成了艱苦而深入的採訪。又如戴夫·柯廷在寫《亞當和梅根》時，爲了真實地反映兩個被大火燒傷的孩子的生活，花了 5 個月時間隨時隨地跟著孩子們，與他們一起吃飯，一起購物，

---

5 [美]凱利·萊特爾、朱利安·哈里斯，《全能記者必備》第七版英文原版（北京：中國人民大學出版社，2003），頁 167。
6 同上註。

甚至和他們一起旅行，才寫出了描寫刻畫極為細緻的上乘之作。而獲獎作品《恩里克的旅程》則前後竟花了記者 2 年的時間。

三、特稿的 "特技"

特稿的寫作中，我們常說的 "新聞 5 要素" 的說法已有所變動，其中 "何人" 會變為 "人物"， "何事" 變成 "情節"， "何地" 會說成 "背景"， "何時" 則會以某種 "時間的順序" 出現， "為何" 可能成為 "動機"，無不體現出文學的特質。這種特質，決定了特稿寫作的某些 "特技"：

（一）講述一個真正的故事

特稿一般都依託新聞事件本身的曲折走向和各種背景資訊，借鑒小說的故事形式和表現手法，以講故事的形式讓戲劇效果和情節自然展開。一個特稿作者首先應該是個會講故事的人，正如《普利茲新聞獎特稿卷》的編者大衛·加洛克在序言中所說， "本專集所收錄的代表作堪稱文學的純正典範，它們的作者都是真正會講故事的人，他們讓戲劇效果和情節自然展開，懂得衝突和解決在敘事中的角色，假如需要的話他們會毫不猶豫地在敘事中注入他們的強烈情感。"

借鑒小說中如何設置懸念、衝突，如何來謀篇佈局，這對於吸引讀者，使特稿內容更加生動大有幫助。特稿寫作家佛蘭克林在〈為故事而寫作〉一文中認為： "一個故事蘊含了一系列情節，當一個令人同情的人物偶然碰到一個複雜的情境，他的遭遇和他的反應就是情節的展開。" 這可以看作是講述故事的必要條件。1979 年首屆普利茲特稿獎作品〈凱利太太的妖怪〉就給讀者講述了一次錯綜複雜扣人心弦的腦部手術，作品的主人公是達克爾醫生和凱利太太。由於這篇特稿分兩天報導，為了能使讀者能在第二天繼續關注事件的最後結果，作者喬恩·佛蘭克林寫了兩段十分特別的內容提要：

第一天

大腦對科學家和哲學家提出的挑戰已長達數個世紀，但近十年來它慢慢開始投降。今天，科學神話已推進到人的智力和性格中存在的那些異常複雜的物理和化學過程中。可怕的大腦失調有望很快能預防、控制、甚至治癒。最近的幾個月，《太陽晚報》將刊登有關最深入這一前沿領域的一些事例。

下面這篇文章將分兩次刊發。上篇是一個關於湯瑪斯·達克爾醫生、艾娜·凱利太太的妖怪的悲劇。最終凱利太太的死亡說明神經醫學還很年輕，目前所能做到的也極其有限。1978年，醫學家已經可以進入大腦的灰溝，但他們極易受驚，而且也十分危險。

第二天

近十年來，科學神話已推進到人的智力和性格中存在的那些異常複雜的物理和化學過程中。最近的幾個月，《太陽晚報》將集中報導工作在這個灰色前沿地帶的科學家和醫生，同時也報導那些在死亡邊緣掙扎的病人們。下面的文章將是關於艾娜·凱利太太悲劇報導的下篇，全文將就此結束。

除了內容提要具有創造性外，特稿文學性的特點在本文中也得到了充分體現。正如作者自己所說，他的文章"是快步調的……類似與拉威爾眼中的波羅烈舞"。作者緊緊抓住手術中的時間節點，從手術開始（"時間是 6 點 30 分"）凱利太太準備接受手術，到下午"1 點 43 分，一切都結束了"凱利太太死亡，全文共有 15 次提到手術的時間。另外，凱利太太那通過揚聲器傳出的心跳聲"怦、怦、怦"也是作者著力描寫的細節，有 17 處明確描寫心跳聲，還有多處以"每分鐘 70 次，每分鐘 70 次，每分鐘 70 次，"等表述來說明心跳。特別是到了手術的後期，作者對心跳聲的刻畫更是傳神，讀後有身臨其中之感，如"怦、怦、怦…怦……怦……怦…………怦…………怦…………"，"怦、怦、怦…怦……怦…………"，"怦………怦………怦、怦、怦………怦怦 —— 怦 —— 怦………"。作者在表現心跳時，通過對各種不同的標點符號的運用來表現當時手術中各種緊張和危險的過程，甚至標點符號的數量也有所變化，這都緊緊抓住了讀者的心。

作者還準確地使用他所欣賞的短故事形式概括他的這篇特稿：衝突 —— 達克爾冒險行動；1、達克爾進入大腦；2、達克爾夾破了動脈瘤；3、妖怪伏擊達克爾。結局：達克爾接受失敗。爲什麼用這種敍事方式？作者自己說："我嘗試把契訶夫的敍事理論用到新聞裏"。

另一篇 1991 年獲獎的〈棄嬰〉中，記者詹姆斯採用了以時間爲順序的敍述方法，同樣給讀者一種讀故事的感覺：

"……4 月 27 日，星期四，里安從家裏出來，大步穿過街道，他家在懷爾德伍德社區，那兒都是鞋盒形的兩層公寓。他朝一個小庭走去，他 16 歲的姐姐蒙莉莎在那兒的一棟小社區樓裏做洗衣工。他沿著一條小道走著，經過了一個垃圾桶和一棵橡樹。

他聽到了那些聲響。是小貓嗎？

循著聲，他看到橡樹下離垃圾桶大約 10 英尺的地方有一個錄影機盒子。盒子蓋著但沒有封起來。里安朝盒子走去，打開了盒蓋。

……

"4 月 28 日，星期五，上午 10 點，發現棄嬰的第二天……

"5月2日，星期二，棄嬰在懷爾德伍德公寓社區被發現五天之後⋯⋯"

"5月8日，星期一⋯⋯"

"5月8日，子夜。⋯⋯"

"5月9日，星期二，早上6點⋯⋯"

⋯⋯⋯⋯

記者通過一個個具體的時間節點的精確把握，給讀者一種讀偵破小說的感覺，慢慢地將讀者吸引到特稿所展示的事件發展過程中去了。

許多特稿在時間上一般不採用過多的順敘方法，而是將小說中的倒敘、插敘和電影中的疊印技巧運用到特稿的組織結構中，使特稿的謀篇佈局更具有戲劇性和懸念性。

（二）個性化的細節

大部分特稿中都有幾個著力刻畫的典型人物，如何讓讀者覺得這些人物真實可信，有血有肉，就需要記者通過大量採用直接引語和細節的描寫，以此增加特稿內容的真實性，突出人物的性格。如〈凱利太太的妖怪〉中寫道：

接下來的手術進行得更為艱難，也更加血淋淋。鑷子冒著危險一毫米一毫米地在凱利太太的大腦中挖開一條通道。血在不停地流，鑷子"呲呲"作響，吸血泵汩汩地往外抽血。推進、再探索。更多的血湧了出來。然後，鑷子突然靜止不動了。

作者對手術事件細緻的觀察以及扎實的文筆功底令人驚歎，而那些"血淋淋"細節更讓人如見其事，如聞其聲，"鑷子突然靜止不動了"則幾乎使人窒息。這種文字"特技"工夫真正使特稿閱讀成了語言享受。

（三）精神的力量

特稿同樣承擔著一種人文關懷，一種社會責任。它關注人類面臨的困境，關注身邊的弱勢群體和邊緣人群，由此把新聞的"視點"引向被主流新聞（一般為重大、重要事件報導）忽視的邊緣地帶。從大量的經典特稿來看，記者將筆觸更多地伸向社會很少關注的領域或人群，從關注個體生命而延伸到對整個群體的關注，深切地體現出一種人文精神。特稿《土地上的生活：一個美國農場家庭》通過 5 篇系列報導，按時間順序生動詳實地反映了美國一農戶一年來的生活，突出展現了美國農場在經濟蕭條下的困頓與慘澹。〈亞當和梅根〉寫了一個被丙烷爆炸摧毀的家庭和這個家庭中兩個因爆炸而毀容的孩子的康復生活，以及如何從朋友和陌生人中得到力量和勇氣的故事。

優秀的特稿會讓讀者感受到一種向上的力量，一種當人們在面對生活中許多不如意或困境時表現出來的勇氣。它始終散發著一種人性之美。如上文〈凱利太太的妖怪〉，儘管凱利太太腦部手術是以失敗告終，"妖怪勝利了"，但從文中我們看到了一個不畏困難、不倦探索的腦科醫生形象。而〈策普的最後一站〉，記者給人們展示了一個用 60 年時間向政府證明當時拒絕服兵役"不是出於怯懦"，顯示出超人的堅毅品格。〈愛滋病在哈特蘭〉中，愛滋病患者漢森面對疾病和社會對他們的歧視，他以死抗爭，以一種平靜的方式離開了世界，而他的伴侶漢甯森則選擇了活著，仍堅強的面對人生。漢寧森說的那句話"牽牛花的根紮得很深。它會長得很好的"，似乎也給人類以很多啓示。在〈中毒性休克〉中，記者南‧羅伯遜就是中毒休克的當事人，雖然她經歷了一段極為痛苦的過程，截斷了 8 個指頭，記者忍著劇痛，每天打 200到 250 個字的速度寫了這篇特稿。這篇特稿反映的並不是什麼重大的社會事件,而僅僅是記者私人生活的一部分,但由於人格的光輝,透射出了向上的不懈精神,同樣深深吸引讀者,產生如此巨大的反響。

任何特稿如果離開了深刻的人生啓示,就失去了生根發芽的土壤。我國目前部分特稿作品卻缺少精神層面的追求,純粹在玩弄文學手法,他們青睞於那些緋聞、暴力事件,肆意地、大篇幅地記述性侵害、兇殺案件過程,進行各種赤裸裸地描繪,這都是走入誤區的表現,也都不可能成爲優秀的特稿作品。

(四) "真實"的呈現

"真實"是任何新聞報導必須遵循的準則。對於文學性、創造性都很強的特稿來說,如何真正呈現"真實"呢?

首先,要有一種追求真實的態度。對於特稿記者來說,堅持真實寫作仍然是必須堅守的新聞道德。《洛杉磯時報》的記者索尼亞‧納紮裏奧,對新聞真實性要求近乎苛刻,以她獲得的 2003 年的普利茲特稿獎作品〈恩裏克的旅程〉爲例,評委會對這篇特稿的評價是"動人、詳盡地報導了一個洪都拉斯男孩尋找已經移民美國的母親的驚險之旅。"記者爲了詳細而真實地報導一個偷渡孩子的驚險之旅,納紮裏奧和攝影記者像偷渡客一樣,趴在火車頂上,經歷了被強盜搶劫、被當地員警圍捕的過程。從洪都拉斯首都特古西加爾巴,經過南洪都拉斯,穿越瓜地馬拉和墨西哥一直到美國,重走了恩里克的尋母路程。〈恩里克的旅程〉共有 3 萬餘字,納紮裏奧經歷了 2 年的時間調查、寫作,文章記錄了恩里克長達 8900 英里,耗時 120 天的尋母歷程。長達 3 萬字的〈恩里克的旅程〉中有 7000 餘字是關於正文細節內容來源的注釋。這些注釋足以證實文章中每一個細節的真實性,其詳盡和可核實性令人歎爲觀止。譬如恩里克丟失母親的聯繫方式的地點,就有可以證明這一事件的當事人的姓名、地址；恩里克給人洗了 2 周的車才掙到打往洪都拉斯的電話費，就有洗車賺取電話費的數額、證明人。還有一連串可證明的細節：恩里克悲慘童年的見證人以及對這些人的訪談；證明恩里克染上毒癮的人的姓名……甚至是恩裏克曾經說過的一句話都有具體人來證明。"即使是恩里克親口告訴我的事情，我也儘量去找別人核實。"[7]除了各種細節中力求最大限度的真實外，記者在親身經歷的途中始終牢記記者的職能，她說，"作爲記者，你不得不接受這樣的事實，你將看到許多人間慘劇。但我不能幫助他們，我只能是個旁觀者。否則我將看不到事實。" 正是在這樣的嚴格標準下，納紮裏奧給讀者呈現的是一段真實而可信的故事，同時也讓讀者看到了一個優秀特稿記者是如何來采寫特稿的。

其次，也要有表現真實的技巧。特稿寫作中，最難把握的是描寫人物心理活動和感受，如何準確而且客觀的來表現人物的內心活動，是許多記者都面臨的問題。這個環節能否寫好，會影響特稿的真實可信度。戴夫‧柯廷在寫作〈亞當和梅根〉這篇特稿時，隨時都在關注這兩位因丙烷爆炸而毀容的孩子情感上的變化，將孩子們的內心世界的活動通過記者這個"他者"來真實表達出來。柯廷始終在這篇特稿中堅持自己新聞記者的職業準則，力求客觀寫作。正如他說道，"有時候，晚上我回到家裏會爲所聽到的而流淚。到了寫作的時候，我力圖把自己拉開一點距離，並努力避免把它變成一個催淚器。" 戴夫‧柯廷爲了獲得詳實的資料，爲了能夠更好地進入被訪者的內心世界，柯廷非常注意採訪的方式可能對被訪者帶來某種傷害，所以他不使用答錄機，"有

---

7 楊曉白，〈美國媒體是帶著面具的僞君子嗎？〉，《青年記者》第 6 期（2003 年 6 月），頁 24。

幾次眞正動感情的時候，談了一些感人肺腑的事。我不打算在房間裏亂動並拿出筆記本。我從很小的閒聊式的話題談起。但我們開始進入沉重的話題時，我會問他們是否介意我做一些筆記。很快，他們甚至忘記了筆記本"。[8]

爲了表現眞實，柯廷通過對細節的描述來反映人物內心活動，極力避免個人的主觀情緒的過多介入，保持了特稿眞實的本質。如在描述亞當和梅根自燒傷後第一次和小夥伴相聚時，記者通過描寫梅根觀察的物件來反映梅根內心流動。"她注意到其他的小女孩都有一頭飄逸的長髮。他們的皮膚像絲一樣，臉上放著光，穿著星期天的禮服。""孩子們都看著她。眼淚從梅根那佈滿疤痕，凹凸不平的面頰上流了下來。"又如治療專家凱西問梅根過生日想做什麼時，記者抓住了梅根的話"在我受傷前，我還用唇膏呢？"；說起洗澡時，梅根說，"但是我不能用香波了。""我過去的頭髮比我的小妹妹多得多……我要長好長好長的頭髮。在我燒傷之前，我的頭髮到我的背那麼長。"雖然記者沒有直接寫梅根內心感受如何如何，但通過客觀描寫記者的所見所聞，抓住人物的行動細節，使讀者自然能感覺到梅根此時的複雜心情。這就很好的處理了如何通過"他者"來表達當事人內心活動的問題，不僅堅持了新聞的客觀眞實的原則，同時也使報導更加生動感人。記者憑藉自身扎實的探訪和良好的文學功底，以及對新聞眞實的準確認識，才會如此成功地敍述了兩個受傷的孩子在父母、醫生和周圍人的幫助、鼓勵下，克服燒傷給他們心靈和身體帶來的雙重傷害，最終重新融入社會的過程。

---

8 [美]大衛·加洛克，《普利茲新聞獎（特稿卷）》（北京：新華出版社，1999），頁451。

後　記

　　自 1996 年以來，我的學術經歷發生了很大的轉折。當年因工作之需，本人由從事多年的民間文化、現代文學研究，開始轉向新聞傳播與媒體文化研究。這個"轉折"對於我來說，意味著將暫時告別原來的學術領域與思維習慣，由過去那種注重田野調查或文本闡釋的路數，轉向以節目解讀、分析思辯為主的範式。

　　即便如此，我還是在新聞與文學之間發現了共同點。譬如，它們都屬於人文學科或有人文味的社會科學，都關注"人"的命題，同時也都聯結著"社會"和"文化"兩個層面。或如李歐梵先生所言，新聞不是科技，因為新聞的主要對像是人和其社會環境。傳媒至多只不過是一種傳達意義的工具，科技、組織結構，如果把新聞只當作傳媒或技術，就等於"把魚的故事和魚混為一談"。（李歐梵：〈新聞不等於傳媒〉，《亞洲週刊》2002 年 3 月 10 日）事實上，當新聞變成傳媒技術後，已經失去了它原來的存在理由；它已經不再是探討人的社會實踐，而變成了另一種嘩眾取寵的"商品"。

　　鑒於這樣一種認識，我寧願把媒體傳播看作是一種文化修辭學。我的學術興趣點，也始終在於透過大眾媒體的螢屏，去觀察和透視人的精神、情感和聲音，探求在當今大眾媒體社會，人們的理想、關係和準則。這本《傳播的文化修辭》大致反映了我對上述問題的思考，其間也多少流露出我對當今傳媒環境的憂慮，或許這種擔憂也正是迎來改善我們生存家園的機緣。

　　在本書將在臺灣出版之際，除了要感謝堂錡兄的鼎力推薦和文史哲出版社的大力扶持之外，我的最大心願在於 —— 能在臺灣的同道之間找到知音。

徐國源

2007 年 12 月 20 日